on père de famille … …
pitale, il rendit compte à sa compa-
gnie de sa conduite, et lui déclara que
s'étant convaincu qu'il ne pouvoit s'en-
richir qu'aux dépens du pauvre, il les
G 2

auxquelles il n'entendoit rien, et devint
l'ame d'une faction qui avoit déjà formé
le projet de renverser l'Empire. Divi-
ser pour régner, est toujours l'axiome

pas qu'ils vous revoient jamais, si ce
n'est dans la grande bande. Ma mère
leur lança un regard si fier, sa figure
exprima un si grand caractère, qu'ils
se turent et n'osèrent rien ajouter. Des
F 2

(79)

quisition de cette magnifique parure.
Le lama le crut; mais n'ayant pas les
fonds nécessaires, il souscrivit des en-
gagemens, et possesseur de cette somp-
tueuse inutilité, il crut en faire hommage
à la reine, dont une femme absolument
de la taille de ma sœur, que l'on fit
trouver voilée dans les jardins du pa-
lais, lui témoigna sa reconnoissance
par un signe convenu. Cependant le
lama ne fut pas mieux traité, et le
temps de l'engagement arrivé, le lama,
qui n'avoit crn que prêter son nom,
demanda à ceux qui s'étoient mêlés de
cette affaire, de prier la reine de dé-
gager sa parole. La reine qui, dit-on,
ignoroit entièrement cette intrigue, re-
fusa de payer une chose qu'elle n'avoit
ni demandée ni reçue. Les marchands
pressoient pour le paiement; l'affaire

(66)

Une vérité bien affligeante pour l'hu-
manité, dit ma tante, en recommen-
çant son récit, c'est qu'il est infiniment
rare que les très-honnêtes gens réunis-
sent aux qualités qui font l'homme de
bien, celles qui constituent l'homme
d'état. Mon frère n'en a que trop fait
l'expérience dans le choix de ses ministres; tous ceux qu'il a nommés de son
propre mouvement, étoient ou parois-
soient être d'une probité à l'épreuve de
la contagion de la cour; mais ils ne
purent soutenir un trône ébranlé depuis
un demi-siècle. Qui n'auroit dit, en
voyant ceux dont il s'étoit entouré à
son avénement à la couronne, que les
jours les plus sereins alloient luire sur
l'Inde? Un roi qui ne vouloit que le
bonheur du peuple, qui n'avoit que des
goûts simples, qui ne croyoit point

(67)

qu'il lui fût permis de disposer des tré-
sors de la nation pour satisfaire des fan-
taisies, ni payer le luxe insolent des
courtisans; qui ne se trouvoit heureux
qu'au milieu de sa famille, et dont les
délassemens n'étoient que des travaux
manuels où il se plaisoit à exceller, ou
des promenades dont le but étoit toujours quelqu'acte de bienfaisance; qui
auroit dit, qu'avec d'aussi honnêtes
gens pour ministres, il fût impossible
que son règne ne fût heureux. Mais la
corruption du dernier règne avoit gan-
gréné les cœurs de la plupart des courtisans, et ils ne pouvoient voir la sage
économie du roi, sans sentir qu'ils ne
pourroient espérer de paiser dans les
coffres du peuple, dont il seroit le plus
scrupuleux administrateur. Ils renon-
cèrent donc à lui rien demander direc-

CARTES,

PLANCHES ET TABLEAUX

DE

L'AGRICULTURE-PRATIQUE.

CARTES,
PLANCHES ET TABLEAUX
DE
L'AGRICULTURE-PRATIQUE
DES
DIFFÉRENTES PARTIES
DE
L'ANGLETERRE,

PAR M. MARSHAL.

DE L'IMPRIMERIE DE H. L. PERRONNEAU.

A PARIS,

CHEZ {
GIDE, libraire, quai Malaquais, Nº. 1220, près la rue des SS. Pères

LEVRAULT, frères, même quai, au coin de la rue des Petits-Augustins.

AN XI — 1803.

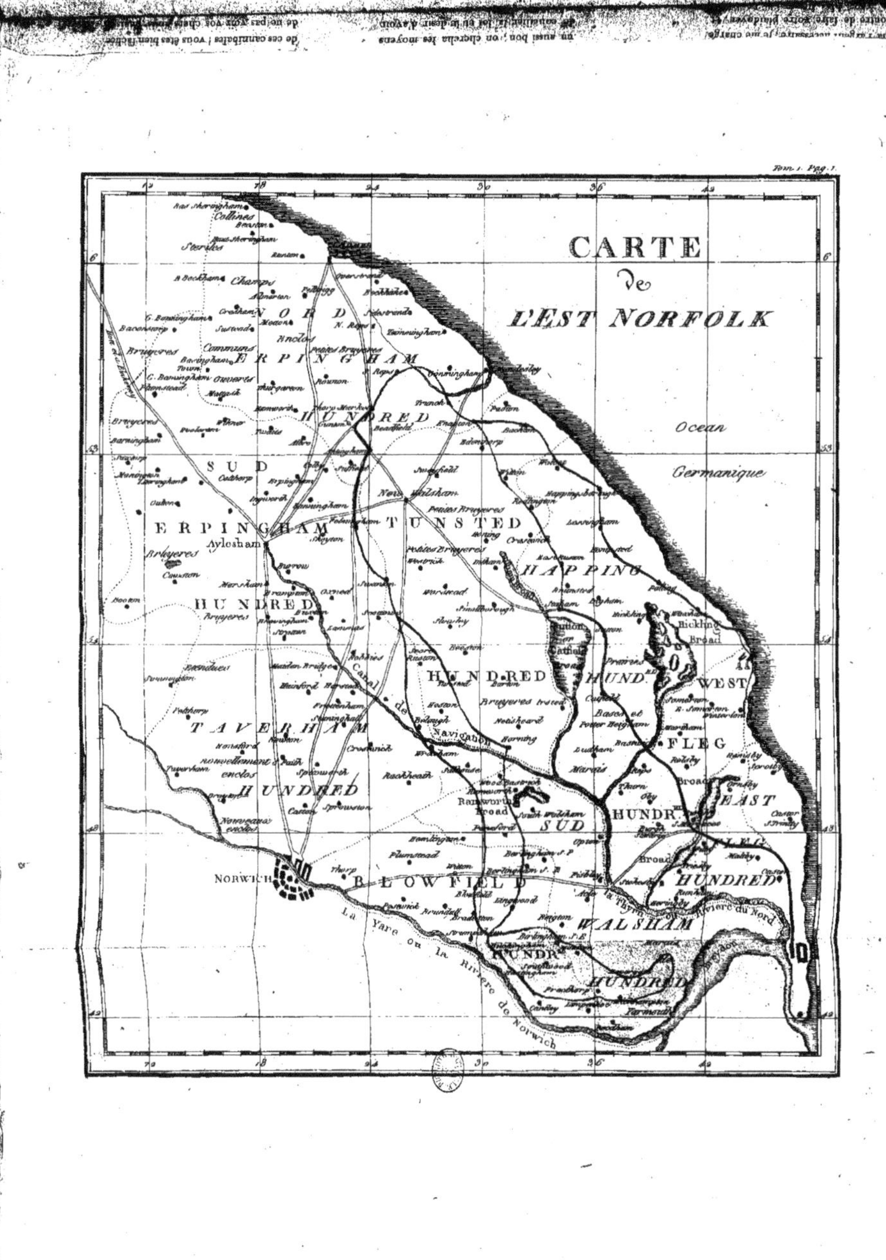

Tom.1. Pag.1.
CARTE de L'EST NORFOLK
Ocean Germanique
NORD
ERPINGHAM
HUNDRED
SUD
ERPINGHAM
Aylosham
HUNDRED
TUNSTED
HAPPING
Bickling Broad
HUND.
WEST
FLEG
TAVERHAM
HUNDRED
HUNDRED
Canal de Navigation
EAST
HUNDR.
SUD
NORWICH
BLOWFIELD
HUNDRED
La Yare ou la Yare
WALSHAM
Riviere du Nord
HUNDR.
HUNDRED
Yarmouth
Riviere de Norwich

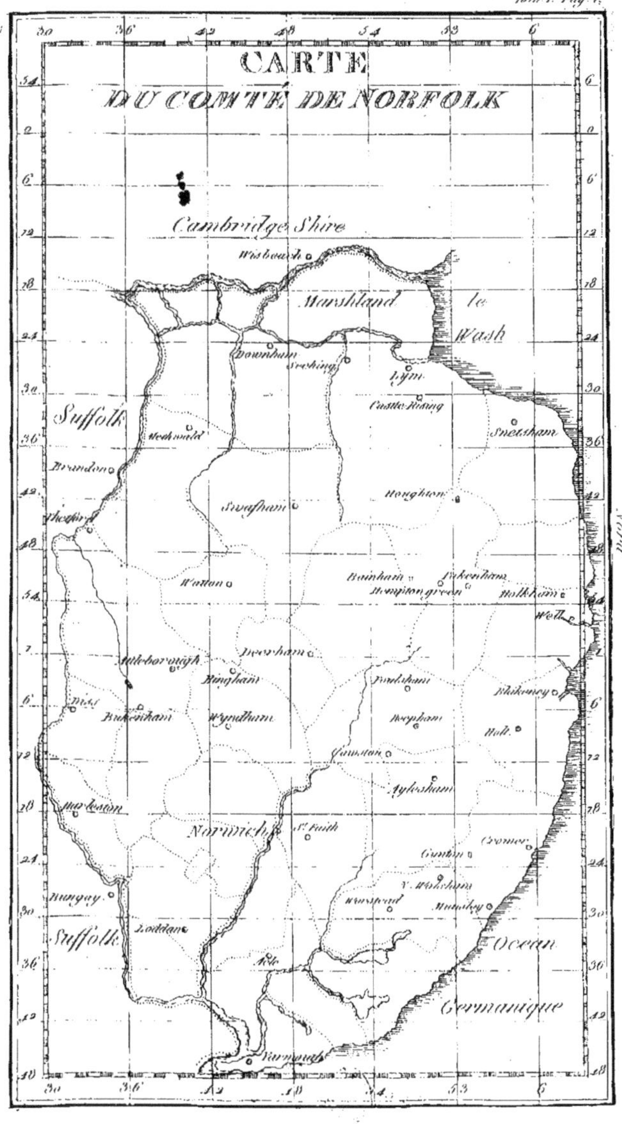

CARTE
DU COMTÉ DE NORFOLK
Cambridge Shire
Wisbeach
Marshland
le Wash
Downham
Stocking
Lyn
Castle Rising
Snetsham
Suffolk
Neahould
Brandon
Houghton
Thetford
Swafham
Watton
Rainham
Fakenham
Hempton green
Holkham
Well
Attleborough
Deersham
Bingham
Pundelham
Blakeney
Diss
Bukenham
Wyndham
Weyham
Holt
Gunston
Aylesham
Norwich
St. Faith
Cromer
Harleston
Gunton
N. Walsham
Bungay
Hauspead
Mundsley
Loddan
Suffolk
Ocean
Isle
Germanique
Yarmouth
Nord

CARTE
DU COMTÉ D'YORCK.

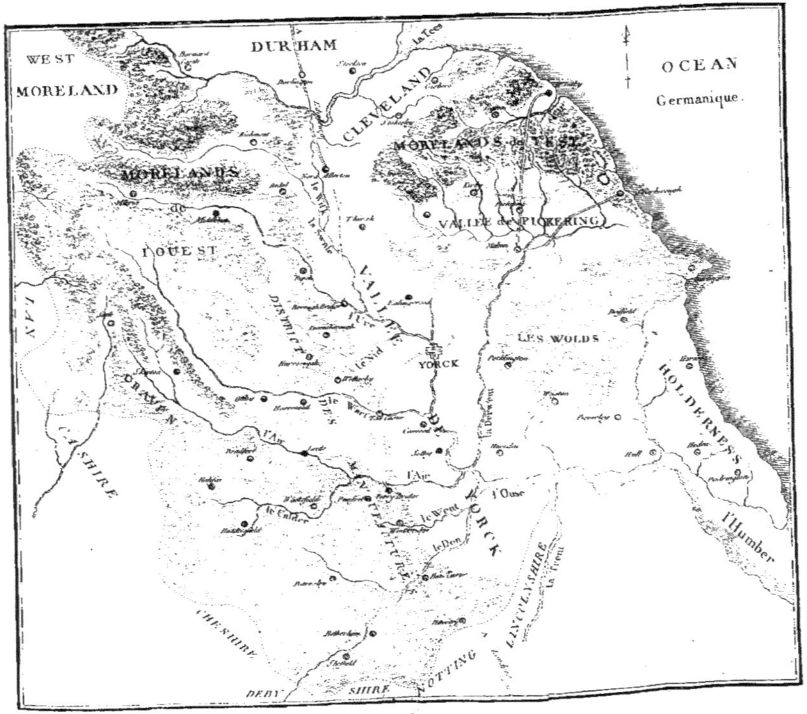

CARTE
DE LA VALLÉE DE PIKERING
et des Collines adjacentes.

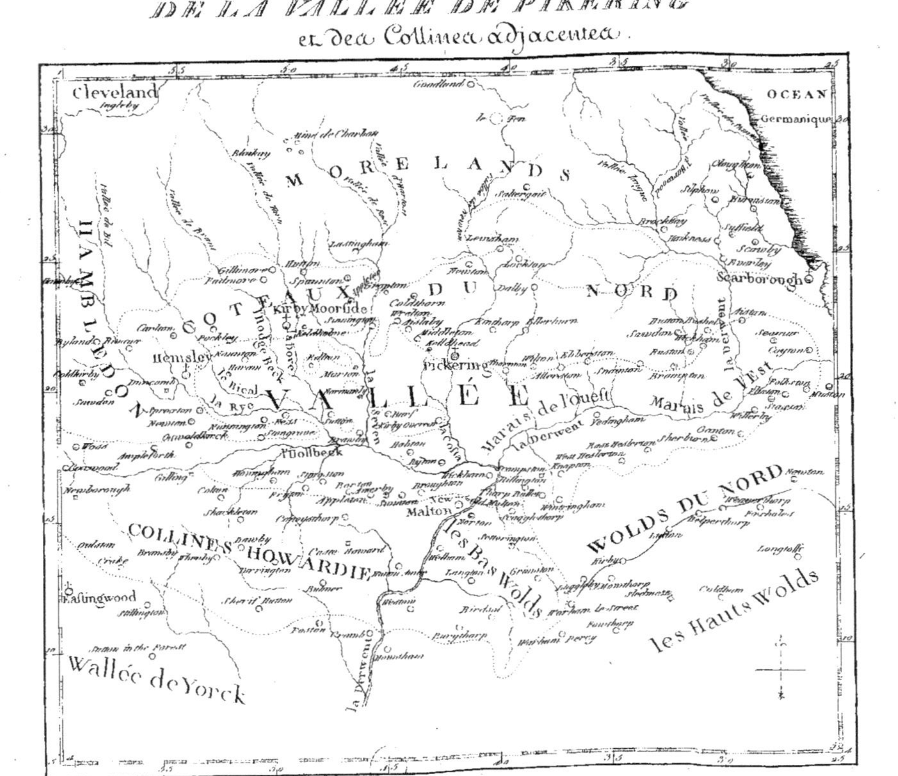

		NOMS FRANÇAIS.	NOMS LATINS.	NOMS ANGLAIS (1).	NOMS PROVINCIAUX.
Genre 1264.	Esp. 15.	Chardon hémorroïdal.	*Serratula arvensis* (2).	Corn thistle.	Common thistle.
Genre 613.	Esp. 5.	Patience frisée.	*Rumex crispus.*	Curled dock.	Dolken.
Genre 1422.	Esp. 7.	Ortie commune.	*Urtica dioica.*	Common stinging nettle.	Nettle.
Genre 1833.	Esp. 5.	Laceron , lait de terre, largeote , choux de lièvre , palais de lièvre.	*Sonchus oleraceus.*	Common sow thistle.	Swine thistle.
Genre 1097.	Esp. 1.	Moutarde , sénevé.	*Sinapis arvensis.*	Wild mustan.	Runsh.
Genre 1098.	Esp. 3.	Radix sauvage , ravonel des champs.	*Raphanus raphanistrum.*	Wild radish.	Runsh.
Genre 1096.	Esp. 6.	Navette sauvage.	*Brassica napus.*	Wild rape.	Runsh.
Genre 972.	Esp. 2.	Chambreule , galeote, ortie royale.	*Galeopsis tetrahit.*	Wild hemp.	Dea nettle.
Genre 162.	Esp. 25.	Valance , grateron.	*Galium aparine.*	Cleavers.	Hairough.
Genre 1290.	Esp. 9.	Séneçon commun.	*Senecio vulgaris.*	Ground sel.	Ground sil.
Genre 518.	Esp. 1.	Morgeline , mourou des oiseaux.	*Alsine media.*	Chick weed.	Chiken weed.
Genre 1312.	Esp. 11.	Camomille puante , macoute.	*Anthemis cotula.*	Maithe weed.	Dog finckle.
Genre 881.	Esp. 5.	Pavot coquelicot.	*Papaver rheas.*	Round smooth headed poppi.	Cuprose.
Genre 881.	Esp. 6.	Pavot cœquelicot à tête longue.	*Papaver dubium.*	Long smooth headed poppi.	Cuprose.
Genre 1254.	Esp. 2.	Chardon lancéolé.	*Carduus lanceolatus.*	Spear thistle.	Bur thistle.
Genre 1254.	Esp. 8.	Chardon des marais.	*Carduus palustris.*	Marsh thistle.	Red thistle.
Genre 1233.	Esp. 4.	Laitron des champs , grand laitron.	*Sonchus arvensis.*	Corn sow thistle.	Swine thistle.
Genre 953.	Esp. 31.	Renoncule rampante.	*Ranunculus repens.*	Creeping crowfoot.	Crow foot.
Genre 1289.	Esp. 7.	Pas d'âne.	*Tussilago farfara.*	Colt's foot.	Foal foot.
Genre 866.	Esp. 2.	Argentine.	*Potentilla anserina.*	Siver weed.	
Genre 435.	Esp. 7.	Anserine blanche , patte d'oie.	*Chenopodium album.*	Common goose foot.	Fat hen.
Genre 435.	Esp. 8.	Anserine verte.	*Chenopodium viride.*	Red jointed goose foot.	Fat hen.
Genre 795.	Esp. 1.	Compagnon.	*Apostemma githago.*	Cockle.	Popple.
Genre 241.	Esp. 2.	Gremil.	*Lithospermum arvense.*	Corn gromwell.	Stoney hard.
Genre 677.	Esp. 28.	Renouée.	*Polygonum convolvulus.*	Climbing buckwheat.	Corn bind.
Genre 613.	Esp. 27.	Oseille commune.	*Rumex acetosa.*	Common sorrel.	Sour docken.
Genre 613.	Esp. 28.	Oseille , petite oseille , oseille de brebis.	*Rumex acetosella.*	Sheep's sorrel.	Sour docken.
Genre 1331.	Esp. 23.	Scabieuse des montagnes.	*Centaurea scabiosa.*	Corn knob weed.	Great horse knobs.
Genre 149.	Esp. 13.	Scabieuse des champs.	*Scabiosa arvensis.*	Corn scabious.	Great blue caps.
Genre 477.	Esp. 1.	Berce.	*Heracleum sphondylium.*	Cow parsnep.	Cushia.
Genre 1307.	Esp. 17.	Chrysanthème des bleds.	*Chrysanthemum segetum.*	Corn marigold.	
Genre 468.	Esp. 1.	Suron , ternoise.	*Bunium bulbocastanum.*	Easth , or pig nut.	Year nuts.
Genre 466.	Esp. 1.	Carotte sauvage.	*Daucus carotta.*	Wild carrot.	
Genre 1331.	Esp. 15.	Centaurée bleuette, bleuet.	*Centaurea cyanus.*	Blue brottle.	
Genre 1211.		Mélilot.	*Trifolium melilotus officinalis.*	Melilot.	
Genre 1211.	Esp. 22.	Trèfle.	*Trifolium alpestre.*	Alpine clover.	
Genre 613.	Esp. 11.	Patience à feuille obtuse.	*Rumex obtusifolia.*	Broad leaved dock.	Docken.
Genre 613.	Esp. 2.	Oseille rouge.	*Rumex sanguineus.*	Bloody dock.	Docken.
Genre 1254.	Esp. 4.	Chardon à tête panachée.	*Carduus nutans.*	Nodding thistle.	
Genre 1254.	Esp. 27.	Chardon aux ânes , ou porte-soie.	*Carduus eriophorus.*	Woolly headed thistle.	
Genre 1078.	Esp. 6.	Tlaspi , tabouret.	*Tlaspi campestre.*	Corn mithridate.	
Genre 1247.	Esp. 1.	Herbe au lait , herbe aux mamelles.	*Lapsana communis.*	Nipple wort.	
Genre 677.	Esp. 10.	Persicaire , renouée.	*Polygonum persicaria.*	Mild persicaria.	
Genre 677.	Esp. 15.	Renouée , traînasse.	*Polygonum aviculars.*	Hog weed.	
Genre 967.	Esp. 12.	Menthe des champs.	*Mentha arvensis.*	Corn mint.	
Genre 1307.	Esp. 5.	Grande marguerite des prés.	*Chrysanthemum leucanthemum.*	Ox eye daisy.	
Genre 953.	Esp. 37.	Renoncule des champs.	*Ranunculus arvensis.*	Corn croow foot.	
Genre 953.	Esp. 33.	Renoncule âcre.	*Ranunculus acris.*	Common crow foot.	
Genre 771.	Esp. 2.	Carnillot , behen blanc , tapeau.	*Cucubalus behen.*	Bladder campion.	
Genre 287.	Esp. 1.	Liseron des champs.	*Convolvulus arvensis.*	Corn convolvulus.	Corn bind.
Genre 1313.	Esp. 18.	Achillière.	*Achillea millefolium.*	Milfoil.	
Genre 472.	Esp. 5.	Saxifrage des Anglais ou des anciens.	*Peucedanum silans.*	Meadow saxifrage.	Saxifrage.
Genre 250.	Esp. 5.	Grippe des champs.	*Lycopsia arvensis.*	Corn buglos.	
Genre 1253.	Esp. 1.	Bardane ou glouteron.	*Arctium lappa.*	Burdock.	Bur docken.
Genre 1007.	Esp. 33.	Mufflier commun.	*Antirrhinum linaria.*	Common snap dragon.	
Genre 60.	Esp. 16.	Mâche ou doucette.	*Valeriana locusta.*	Corn valerias.	
Genre 881.	Esp. 1.	Herbe à jaunir.	*Reseda luteola.*	Dyerss weed.	Brakens.
Genre 1626.	Esp. 17.	Pteris aquilin , fougère.	*Pteris aquilina.*	Fern , or brakes.	Crake needle.
Genre 489.	Esp. 2.	Peigne de Vénus.	*Scandix pecten Veneris.*	Shepherd's needle.	
Genre 32.	Esp. 34.	Véronique à feuille de lierre.	*Veronica hedrifolia.*	Ivy-leaved speedwell.	
Genre 797.	Esp. 2.	Céraiste.	*Cerastium vulgatum.*	Common mouse ear.	
Genre 1154.	Esp. 10.	Fumeterre ordinaire.	*Fumaria officinalis.*	Common fumitori.	
Genre 832.	Esp. 52.	Epurge , titimale , réveil matin.	*Euphorbia helioscopia.*	Sun spurge.	
Genre 270.	Esp. 1.	Mouron rouge des champs.	*Anagallis arvensis.*	Pimpernel.	
Genre 1345.	Esp. 2.	Herbe à coton.	*Filago Germanica.*	Common cud weed.	
Genre 998.	Esp. 4.	Eufraise.	*Euphrasia odontites.*	Redeyebright.	
Genre 1246.	Esp. 4.	Porcelle.	*Hypochœris radicata.*	Langrooted hawk weed.	
Genre 240.	Esp. 1.	Oreille de souris.	*Miosotis scorpioides.*	Scorpion mouse ear.	
Genre 1364.	Esp. 17.	Pensée.	*Viola tricolor.*	Common pansie.	
Genre 990.	Esp. 1.	Brunelle commune.	*Prunella vulgaris.*	Self heal.	
Genre 130.	Esp. 11.	Chiendent des boutiques.	*Triticum repens.*	Couch grass.	Quicks.
Genre 119.	Esp. 6.	Fétuque dure.	*Festuca duriuscula.*	Hard fescue grass.	
Genre 1565.	Esp. 6.	Houque.	*Holcus mollis.*	Couchy soft grass.	White grass.
Genre 122.	Esp. 2.	Fromental.	*Avena elatior.*	Tall vat grass.	
Genre 111.	Esp. 19.	Agrostide blanche.	*Agrostis alba.*	White bent.	
Genre 102.	Esp. 4.	Vulpin.	*Alopecurus agrestis.*	Field fontail grass.	
Genre 126.	Esp. 3.	Zizanie ou ivraie annuelle.	*Lolium temulentum.*	Darnel.	Droke.
Genre 117.	Esp. 2.	Chiendent à bossette.	*Dactylis glomerata.*	Orchard grass.	
Genre 1565.	Esp. 7.	Houque laineuse.	*Holcus lanatus.*	Meadow soft grass.	White grass.
Genre 1597.	Esp. 1.	Frêne.	*Fraxinus excelsior.*	Ash.	Ash.
Genre 1531.	Esp. 2.	Tremble.	*Populus tremula.*	Trembling popular.	Aspen.
Genre 854.	Esp. 9.	Epine blanche.	*Cratœgus oxyacantha.*	Hawthorn.	White thorn.
Genre 849.	Esp. 17.	Epine noire.	*Prunus spinosa.*	Sloethorn	Black thorn.
Genre 864.	Esp. 8.	Ronce ordinaire.	*Rubus fruticosus.*	Common bramble.	Briar.
Genre 864.	Esp. 7.	Ronce bleuâtre.	*Rubus cœsius.*	Dworf bramble.	
Genre 863.	Esp. 6.	Rose.	*Rosa spinosissima.*	Burnet rose.	Cat whin.
Genre 1173.	Esp. 3.	Bugrane des champs.	*Ononis arvensis spinosa.*	Thorny rest harrow.	Rust burn.
Genre 1173.	Esp. 4.	Arrête-bœuf.	*Ononis repens.*	Trailing rest harrow.	Rust burn.

(1) Ils sont pris principalement du Catalogue des plantes cultivées dans le Jardin botanique de Londres , par M. Curtis, auteur de la *Flora Londinensis* , cependant avec les changemens que j'ai cru convenables au but de cet ouvrage.

(2) Quelque volumineux que soit un ouvrage , son auteur ne peut se flatter d'une parfaite exactitude. Linné , dont le système est un effort étonnant de l'esprit humain pour l'arrangement et l'exactitude , paroît avoir fait une erreur manifeste en classant cette plante commune. Il seroit difficile de dire aujourd'hui comment il a pu arracher cette plante de la famille des *carduus* qui est la sienne , pour la forcer d'entrer dans celle des *serratula*. Ainsi je conserve le nom , mais je proteste contre son application. Les noms donnés par Linné sont adoptés aujourd'hui par toutes les nations ; et quiconque changeroit ces noms , parleroit un langage inconnu à l'univers botanique.

			Noms français.	Noms latins.	Noms anglais.	Noms provinciaux.
Genre	659.	Esp. 1.	Bruyère commune, brande, pétrole.	*Erica vulgaris.*	Common heath	Common ling.
Genre	659.	Esp. 32.	Bruyère cendrée, petite bruyère.	*Erica cinerea.*	Fine leaved heath.	Crow ling.
Genre	659.	Esp. 19.	Bruyère velue, bruyère blanche.	*Erica tetralix.*	Crass leaved heath.	Wire ling.
Genre	590.	Esp.	Jonc bulbeux.	*Juncus bulbosus.*	Heath rush.	Bent.
Genre	590.	Esp. 3.	Jonc à mêche.	*Juncus effusus.*	Soft rush.	Seaves.
Genre	1407.	Esp.	Laiches.	*Carices.*	Sedges.	Moor palms.
Genre	1510.	Esp. 1.	Piment royal.	*Mirica gale.*	Sweet gale.	Gale.
Genre	1552.	Esp. 7.	Genevrier commun.	*Juniperus communis.*	Common juniper.	Juniper.
Genre	658.	Esp. 14.	Airei canneberge, groseille des prés.	*Vaccinium oxycoccos.*	Cranberry.	Cranberry.
Genre	658.	Esp. 1.	Airel, ou mirtil.	*Vaccinium mirtillus.*	Common wortberry.	Bleaberry.
Genre	1211.	Esp. 13.	Trèfle rampant, triolet.	*Trifolium repens.*	Creeping trefoil.	White clower.
Genre	1212.	Esp. 16.	Lotier cornu.	*Lotus corniculatus.*	Birds fort trefoil.	Cheese cakegrass.
Genre	97.	Esp. 2.	Nard.	*Nardus stricta.*	Mat grass?	Bent grass.
Genre	112.	Esp. 7.	Canche des fossés.	*Aira flexuosa.*	Heath air grass.	
Genre	112.	Esp. 12.	Canche à feuilles déliées.	*Aira cœrulea.*	Early air grass.	

L'été étoit déja avancé lorsque j'ai fait cette collection. Quelques-unes des plantes les plus précoces avoient déja grainé, et leurs caractères spécifiques étoient déja devenus douteux.

			Noms français.	Noms latins.	Noms anglais.
Genre	58.	Esp. 2.	Flouve odorante.	*Anthoxanthum odoratum.*	Vernal.
Genre	115.	Esp. 3.	Amourette.	*Briza media.*	Trembling grass.
Genre	118.	Esp. 1.	Cretelle.	*Cynosurus cristatus.*	Crested dog'stail.
Genre	119.	Esp. 6.	Fétuque dure.	*Festuca duriuscula.*	Hard fescue.
Genre	119.	Esp. 9.	Fétuque.	*Festuca myurus.*	Wall fescue.
Genre	126.	Esp. 1.	Raygrass, ivraie vivace.	*Lolium perenne.*	Rye-grass.
Genre	117.	Esp. 2.	Chiendont à bossette.	*Dactylis glomerata.*	Orchard grass.
Genre	1565.	Esp. 6.	Houque.	*Holcus mollis.*	Couchy soft grass.
Genre	998.	Esp. 4.	Eufraise officinale.	*Euphrasia officinalis.*	Common eye bright.
Genre	1185.	Esp. 5.	Orobe tubéreux.	*Orobus tuberosus.*	Bulbous poa.
Genre	162.	Esp. 12.	Caillelait jaune.	*Galium verum.*	Yellow bedstraw.
Genre	162.	Esp. 4.	Caille des montagnes.	*Galium montanum?*	Mountain bedstraw?
Genre	149.	Esp. 7.	Scabieuse des prés.	*Scabiosa succisa.*	Meadow scabions.
Genre	613.	Esp. 28.	Mors du diable, petite oseille.	*Rumex acetosella.*	Sheep's sorrel.
Genre	990.	Esp. 1.	Brunelle commune.	*Prunella vulgaris.*	Self heat.
Genre	866.	Esp. 1.	Tormentille.	*Tormentilla erecta.*	Common tormentil.
Genre	866.	Esp. 26.	Quintefeuille commune.	*Potentilla repens.*	Common cinquefoil.
Genre	913.	Esp. 44.	Fleur du soleil.	*Cistus helianthemum.*	Dwarf cistus.
Genre	982.	Esp. 1.	Serpolet.	*Thymus serpyllum.*	Wild thyme.
Genre	1445.	Esp. 1.	Pimprenelle (petite).	*Poterium sanguisorba.*	Upland burnet.
Genre	862.	Esp. 14.	Filipendule.	*Spiræa filipendula.*	Dropwort.
Genre	1313.	Esp. 18.	Millefeuille.	*Achillea millefolium.*	Milfoil.
Genre	1224.	Esp. 26.	Millepertuis commun.	*Hypericum perforatum.*	Common St. Johnwort.
Genre	1258.	Esp. 4.	Herbe à pluie.	*Carlina vulgaris.*	Carline thistle.
Genre	1254.	Esp. 8.	Chardon des marais.	*Carduus palustris (1)?*	Marsh thistle?
Genre	1626.	Esp. 17.	Ptéris aquilin, fougère.	*Pteris aquilina.*	Braken.

(1) Ce chardon n'a de différence avec le *carduus palustris* que l'épaisseur de sa tige, qui sur ces montagnes stériles et froides, a quelquefois l'épaisseur d'une canne à se promener des plus grosses. Il y en a une variété à fleurs blanches.

CARTE
DU COMTÉ DE GLOCESTER
et de ses Environs.

	Noms français.	Noms latins.	Noms anglais.
Genre 130. Esp. 11.	Chiendent des boutiques.	*Triticum repens.*	Couch grass.
Genre 1264. Esp. 15.	Chardon hémorroïdal, sarrette des champs.	*Serratula arvensis.*	Common thistle.
Genre 1097. Esp. 5.	Moutarde commune.	*Sinapis nigra.*	Common mustard (2).
Genre 287. Esp. 1.	Liseron des champs.	*Convolvulus arvensis.*	Corn convolvulus.
Genre 435. Esp. 8.	Anserine verte.	*Chenopodium viride.*	Redjointed goose foot (3).
Genre 1307. Esp. 17.	Chrysanthème des bleds.	*Chrysanthemum segetum.*	Corn marigold.
Genre 881. Esp. 1.	Coquelicot.	*Papaver rheas.*	Round smoothheaded poppy.
Genre 881. Esp. 6.	Coquelicot à tête longue.	*Papaver dubium.*	
Genre 122. Esp. 8.	Folle avoine.	*Avena fatua.*	Wild oat (4).
Genre 1614. Esp. 2.	Prêle, queue de cheval des champs.	*Equisetum arvense.*	Corn horse tail.
Genre 111. Esp. 19.	Agrostide blanche.	*Agrostis alba.*	Creeping bent grass.
Genre 102. Esp. 4.	Vulpin.	*Alopecurus agrestis.*	Field foxtail grass.
Genre 119. Esp. 6.	Fétuque dure.	*Festuca duriuscula.*	Hard fescue (5).
Genre 1133. Esp. 5.	Laitron épineux, lait de terre.	*Sonchus oleraceus.*	Common sow thistle.
Genre 1281. Esp. 21.	Armoise commune.	*Artemisia vulgaris.*	Mugwort.
Genre 1097. Esp. 4.	Sénevé blanc.	*Sinapis alba.*	White mustard (6).
Genre 613. Esp. 5.	Patience frisée.	*Rumex crispus.*	Curled dock.
Genre 1254. Esp. 2.	Chardon lancéolé.	*Carduus lanceolatus.*	Spear thistle.
Genre 162. Esp. 25.	Valance, grateron.	*Galium aparine.*	Cleavers.
Genre 1422. Esp. 7.	Grande ortie commune.	*Urtica dioica.*	Common nettle.
Genre 1097. Esp. 2.	Sénevé oriental.	*Sinapis orientalis* (1).	
Genre 613. Esp. 11.	Patience à feuille obtuse.	*Rumex obtusifolius.*	Brond leaved dock.
Genre 1312. Esp. 11.	Camomille puante.	*Anthemis cotula.*	Maithe weed.
Genre 1308. Esp. 3.	Matricaire.	*Matricaria suaveolens.*	Sweed scented camomile.
Genre 1307. Esp. 10.	Marguerite à feuilles capillaires.	*Chrysanthemum inodorum.*	Weak scented camomile.
Genre 967. Esp. 12.	Menthe des champs.	*Mentha arvensis.*	Corn mint.
Genre 1331. Esp. 15.	Centaurée bleuette, bleuet.	*Centaurea cyanus.*	Blue bonnet.
Genre 677. Esp. 10.	Persicaire.	*Polygonum persicaria.*	Common mild persicaria.
Genre 1133. Esp. 4.	Grand laitron.	*Sonchus arvensis.*	Corn sow thistle.
Genre 1247. Esp. 1.	Gras de mouton, herbe au lait.	*Lapsana communis.*	Nipple wort.
Genre 1577. Esp. 10.	Arroche touffue.	*Atriplex patula.*	Spreading orach.
Genre 1289. Esp. 7.	Pas d'âne.	*Tussilago farfara.*	Colts foot.
Genre 953. Esp. 31.	Renoncule rampante.	*Ranunculus repens.*	Creeping crow foot.
Genre 866. Esp. 2.	Argentine commune.	*Potentilla anserina.*	Silver weed.
Genre 1211.	Mélilot officinal.	*Trifolium melilotus officinalis.*	Melilot.
Genre 1313. Esp. 18.	Achillière.	*Achillea millefolium.*	Milfoil.
Genre 974. Esp. 2.	Épiaire des marais.	*Stachys palustris.*	Clown sall heal.
Genre 32. Esp. 34.	Véronique à feuille de lierre.	*Veronica hederifolia.*	Ivileaved speed well.
Genre 1290. Esp. 9.	Séneçon commun.	*Senecio vulgaris.*	Groun sel.
Genre 518. Esp. 1.	Morgeline, mouron des oiseaux.	*Alsine media.*	Chick weed.
Genre 1078. Esp. 11.	Tabouret, bourse à pasteur.	*Thlaspi bursa pastoris.*	Shepers purse.
Genre 487. Esp. 1.	Petite cigue.	*Œtusa synapium.*	Fools parsley (7).
Genre 797. Esp. 2.	Céraiste.	*Cerastium vulgatum.*	Common mousear.
Genre 1154. Esp. 10.	Fumeterre commune.	*Fumaria officinalis.*	Common fumitori.
Genre 677. Esp. 15.	Renouée, traînasse.	*Polygonum aviculare.*	Hog weed.
Genre 186. Esp. 1.	Plantain à large feuille.	*Plantago major.*	Broad plantain.
Genre 122. Esp. 2.	Fromentale.	*Avena elatior.*	Tall oat grass (8).
Genre 111. Esp. 17.	Agrostide capillaire.	*Agrostis capillaris.*	Fine bent grass.
Genre 477. Esp. 1.	Berce.	*Heracleum sphondylium.*	Cow parsnep.
Genre 1331. Esp. 23.	Scabieuse des montagnes.	*Centaurea scabiosa.*	Upland knob weed.
Genre 149. Esp. 13.	Scabieuse des champs.	*Scabiosa arvensis.*	Upland scabious.
Genre 466. Esp. 1.	Carotte sauvage.	*Daucus carota.*	Wild carrot.
Genre 796. Esp. 9.	Compagnon blanc.	*Lychnis dioica.*	Common campion.
Genre 1254. Esp. 6.	Chardon frisé.	*Carduus crispus.*	Curled thistle.
Genre 250. Esp. 5.	Licopside, petite buglose.	*Lycopsis arvensis.*	Corn buglos.
Genre 971. Esp. 6.	Lamion, ou ortie rouge.	*Lamium purpureum.*	Dwarf dead nettle.
Genre 972. Esp. 2.	Galéote, chambroule, ortie royale.	*Galeopsis tetrahit.*	Wild hemp (9).
Genre 953. Esp. 37.	Renoncule des champs.	*Ranunculus arvensis.*	Corn crow foot.
Genre 677. Esp. 13.	Persicaire.	*Polygonum pensylvanicum.*	Pale persicaria.
Genre 677. Esp. 28.	Renouée.	*Polygonum convolvulus.*	Climbing buck weed.
Genre 1007. Esp. 33.	Muflier commun.	*Antirrinum linaria.*	Common snap dragon.
Genre 1246. Esp. 4.	Porcelle.	*Hypochœris radicata.*	Long rooted hawk weed.
Genre 998. Esp. 4.	Eufraise dentée.	*Euphrasia odontites.*	Red lycbright.
Genre 832. Esp. 52.	Épurge, titimale, réveil matin.	*Euphorbia helioscopia.*	Son spurge.
Genre 1364. Esp. 17.	Pensée.	*Viola tricolor.*	Common pansie.
Genre 990. Esp. 1.	Brunelle commune.	*Prunella vulgaris.*	Solf heal.
Genre 1237. Esp. 1.	Pissenlit commun.	*Leontodon taraxacum.*	Common dandelion.
Genre 162. Esp. 12.	Caillelait jaune.	*Galium verum.*	Yellow hedstraw.
Genre 1134. Esp. 15.	Mauve à feuilles rondes.	*Malva rotundifolia.*	Round leaved mallow.
Genre 1187. Esp. 5.	Vesce à bouquet.	*Vicia cracca.*	Blue tufted vetch.
Genre 287. Esp. 2.	Grand liseron.	*Convolvulus sepium.*	Hedge convolvulus.
Genre 162. Esp. 13.	Caillelait blanc.	*Galium mollugo.*	Bastaed madder.
Genre 479. Esp. 1.	Cigue commune.	*Conium maculatum.*	Hemlock.
Genre 975. Esp. 1.	Marrube noire.	*Ballota nigra.*	Stinking hore hound.
Genre 1090. Esp. 3.	Allière.	*Erisimum aliaria.*	Gartic cress.
Genre 971. Esp. 5.	Lamion, ou ortie blanche.	*Lamium album.*	White dead nettle.
Genre 124. Esp. 3.	Roseau à balai.	*Arundo phragmitis.*	Common reed.

(1) Cette plante, qui est très-embarrassante dans les bleds, répond avec exactitude à la description de Linné de la *sinapis orientalis*, et je me suis hazardé à la nommer de ce nom, quoique je n'aie pu la trouver dans aucun catalogue de plantes anglaises. Sa taille est celle de la *sinapis alba*, à laquelle elle ressemble beaucoup; mais lorsqu'on l'examine attentivement, toutes les affinités disparoissent. Les pointes dont ses cosses sont couvertes ainsi que sa tige, inclinent vers le sol; le corps de la cosse est long et le bec court; les semences nombreuses, petites et d'un noir brillant.

(2) *Common mustard.* C'est l'espèce qui est cultivée dans le nord de l'Angleterre pour sa graine en poudre (*flour*); c'est la mauvaise herbe la plus commune, étant dans ce district ce que la moutarde sauvage, ou le *charlock*, est dans d'autres, ce qui est moins extraordinaire que de voir celui-ci manquer de cette dernière plante. Je n'ai pu en découvrir une seule dans toute son étendue.

(3) J'ai entendu nommer cette plante dans la province *drought weed*, nom qui lui convient parfaitement.

(4) *Avoine sauvage.* Plante inconnue dans beaucoup d'endroits de cette île, et qui est ici, comme dans le Yorkshire, une mauvaise herbe bien embarrassante dans les bleds. Quant à l'apparence générale, elle ressemble à l'avoine cultivée: dans sa tige, son panicule, sa gousse et son grain, c'est la même plante, et leurs graines sont sujettes aux mêmes variétés en couleur, noire, rouge et blanche. Mais examinées suivant la botanique, la sauvage diffère en trois choses de l'*avena sativa*, que Linné décrit comme ayant le calice à deux semences, les graines polies, une seule barbe (*awned*); au lieu que les calices de l'avoine sauvage sont à deux et trois grains, les grains recouverts de longs poils doux, et tous barbus (*awned*). Néanmoins il m'est arrivé de trouver les semences du bas du panicule presque polies: cela ajouté à ce que l'avoine polonaise, variété très-cultivée, qui croit dans des calices à une seule graine et sans aucune barbe (*awn*), semble prouver que les différentes espèces d'avoines cultivées ne sont que des variétés de l'avoine sauvage qui sont cultivées.

Quoi qu'il en soit, il paroît confirmé que l'avoine sauvage est naturelle à cette île, comme toute autre herbe cultivable qui y croit, et c'est peut-être la plus difficile à extirper. Elle peut être un siècle dans la terre sans perdre sa qualité végétative. Des terres qui depuis un teins immémorial sont en herbage, tant ici que dans le Yorkshire, l'ont produite en abondance après avoir été rompues. Elle est douée de même de la qualité de venir sur tous les sols et dans toutes les saisons, ainsi que les autres herbes paroissent l'avoir. C'est ce qui la rend si difficile à détruire: comme elle mûrit avant les récoltes, elle répand sa semence sur la terre, où son enveloppe grossière la défend des oiseaux. Labourer, houer, et où cela est praticable, sarcler à la main après qu'elle a poussé ses panicules, sont les seuls moyens de l'extirper.

(5) Cette plante, qui est une des plus grandes pestes des terres arables dans quelques districts, sous le nom de chiendent noir, se rencontre rarement dans les terres labourées de celui-ci, malgré le défaut de suffisans labours et quoiqu'on la trouve, pas abondamment à la vérité, dans les herbages des environs.

(6) Sa semence est rouge dans ce district; quelques-unes paroissent d'un noir mêlé, ressemblant à la graine de la vesce cultivée. Aucune n'est plus légère que celle de la moutarde commune, *sinapis nigra*, dont les graines qui ont atteint leur perfection sont d'un rouge brillant.

(7) Cette plante est très-commune ici dans les champs, ce que je n'avois pas cru jusqu'ici être un de ses caractères; mais comme elle pousse tard, et qu'elle ne s'élève pas par cette raison à une grande hauteur, le tort qu'elle fait est peu remarquable.

(8) Celle-ci est une mauvaise herbe des bleds, qui ne se plait que dans certaines situations. Quoiqu'on ne laboure pas assez dans ce district, je n'ai pas vu sa racine retournée une seule fois par la charrue.

(9) Ceci est encore un exemple du même fait. Dans le Yorkshire, elle est au rang des plantes dominantes. Elle domine plus encore dans les comtés intérieurs, tandis qu'ici elle est une des dernières du catalogue.

CARTE
DU DISTRICT DE LA STATION
des Comtés Intérieurs

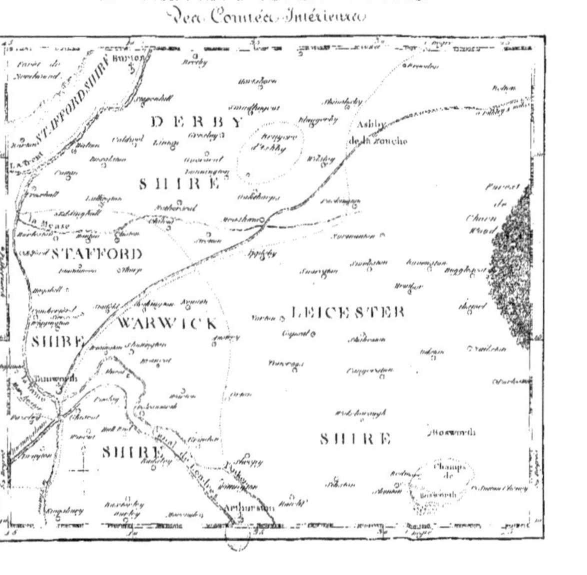

STAFFORDSHIRE
DERBY
SHIRE
STAFFORD
SHIRE
WARWICK
SHIRE
LEICESTER
SHIRE
Ashby
de la Zouche
Bosworth
Champs de Bosworth
Bruyère d'Ashby

	NOMS FRANÇAIS.	NOMS LATINS.	NOMS ANGLAIS.	NOMS PROVINCIAUX.

ERBES DES JACHÈRES.

	Noms Français	Noms Latins	Noms Anglais	Noms Provinciaux
Genre 111. Esp. 19.	Agrostide blanche.	*Agrostis alba.*	Creeping bentgrass.	Running twitch.
Genre 130. Esp. 11.	Chiendent des boutiques.	*Triticum repens.*	Couchgrass.	Twitch.
Genre 119. Esp. 6.	Fétuque dure.	*Festuca duriuscula.*	Hard fescue.	Black twitch fescue.
Genre 1264. Esp. 15.	Chardon hémorroïdal, sarrette des champs.	*Serratula arvensis.*	Common thistle.	Common thistle.
Genre 1254. Esp. 2.	Chardon lancéolé.	*Carduus lanceolatus.*	Spear thistle.	Boar thistle.
Genre 613. Esp. 5.	Patience frisée.	*Rumex crispus.*	Curled dock.	Dock.

J'ai vu dans ce pays une pratique qui a bien droit d'être consignée dans ce registre : c'est celle d'employer une femme à suivre la charrue, particulièrement en labourant les jachères, afin d'enlever les herbes à racines qui restent à découvert dans les sillons, sur-tout les oseilles et patiences. Lorsque les herbes à racines sont abondantes, cette pratique est très-bonne ; la dépense est peu de chose, et les avantages peuvent être très-grands dans certains cas. Le major Bowles, d'Helmhurst près de Litchfield, a l'honneur de cette idée.

HERBES DES GRAINS.

	Noms Français	Noms Latins	Noms Anglais	Noms Provinciaux
Genre 1097. Esp. 1.	Moutarde sauvage.	*Sinapis arvensis.*	Wild mustard.	Rough cadlock.
1078. Esp. 3.	Navet sauvage, ravonet des champs.	*Raphanum raphanistrum.*	Wild radish.	
1096. Esp. 6.	Navette sauvage.	*Brassica napus.*	Wild rape.	Smooth cadlock.
Genre 490. Esp. 8.	Anserine verte.	*Chenopodium viride.*	Redjointed goosefoot.	Fathen, or wild spinage.
972. Esp. 2.	Galéote, chambreule, ortie royale.	*Galeopsis tetrait.*	Wild hemp.	Dead nettle, or wild hemp.
Genre 1254. Esp. 2.	Chardon lancéolé.	*Carduus lanceolatus.*	Spear thistle.	Boar thistle.
Genre 1264. Esp. 15.	Chardon hémorroïdal.	*Serratula arvensis.*	Common thistle.	Common thistle.
Genre 1254. Esp. 8.	Chardon des marais.	*Carduus palustris.*	Marsh thistle.	
Genre 613. Esp. 5.	Patience frisée.	*Rumex crispus.*	Curled dock.	Dock.
Genre 1312. Esp. 11.	Camomille puante.	*Anthemis cotula.*	Maitheweed, erstinking camomile.	Dog fennel.
1308. Esp. 3.	Matricaire.	*Matricaria suaveolens.*	Sweet scented camomile.	
Genre 1133. Esp. 5.	Laitron épineux, lait de terre.	*Sonchus oleraceus.*	Common sow thistle.	Sow thistle.
Genre 953. Esp. 37.	Renoncule des champs.	*Ranunculus arvensis.*	Corn crow foot.	Hard iron.
287. Esp. 1.	Liseron des champs.	*Convolvulus arvensis.*	Corn convolvulus.	Lap love.
677. Esp. 28.		*Poligonum convolvulum.*	Climbing buckweed.	
967. Esp. 12.	Menthe des champs.	*Mentha arvensis.*	Corn mint.	Corn mint.
1254. Esp. 6.	Chardon frisé.	*Carduus crispus.*	Curled thistle.	
1188. Esp. 3.	Lentille à deux semences et à gousse velue.	*Ervum hirsutum.* / *Tetraspermum.*	Two seeded tare. / Four seeded tare.	Tare.
Genre 162. Esp. 25.	La valance, le grateron.	*Galium aparine.*	Cleavers.	Hairof.
677. Esp. 13.	Persicaire.	*Poligonum Pensylvanicum.*	Pale persicaria.	Willow weed.
Genre 866. Esp. 2.	Argentine commune.	*Potentilla anserina.*	Silver weed.	Goose tansey.
Genre 1289. Esp. 7.	Pas d'âne.	*Tussilago farfara.*	Cottsfoot.	
Genre 1422. Esp. 7.	Grande ortie commune.	*Urtica dioica.*	Common nettle.	Nettles.
881. Esp. 6.	Coquelicot à tête longue.	*Papaver dubium.*	Longsmooth headed poppy.	Poppy.
1307. Esp. 17.	Chrysanthème des bleds.	*Chrysanthemum segetum.*	Corn marigold.	Golds.
795. Esp. 1.	Nielle des bois.	*Agrostemma githago.*	Cockle.	Cockle.
1211.	Mélilot.	*Trifolium mellitolus.*	Mellilot.	Mellilot.
1290. Esp. 9.	Seneçon commun.	*Senecio vulgaris.*	Ground sil.	Ground sil.
1078. Esp. 11.	Tabouret, bourse à pasteur.	*Thlaspi bursa pastoris.*	Shepers burs.	
489. Esp. 2.	Peigne de Vénus.	*Scandix pecten Veneris.*	Shepers needle.	Begars needle.
518. Esp. 1.	Morgeline.	*Alsine media.*	Chicken weed.	Chick weed.
Genre 998. Esp. 4.	Eufraise dentée.	*Euphrasis odontides.*	Red eye bright.	
1074. Esp. 2.	Tlaspi moneyaire.	*Thlaspi arvensis.*	Common Mithridate.	
149. Esp. 13.	Scabieuse ordinaire des champs.	*Scabiosa arvensis.*	Corn scabious.	

Cette dernière, ennemie invétérée des grains, n'est pas commune dans ce district. Je ne l'ai trouvée qu'à Sutton Ambion, scène sanglante, où s'est probablement donnée la bataille de Boswsrthfield ; elle y est singulièrement abondante. Les fromens furent presque détruits par cette mauvaise herbe, qui avoit été favorisée par la sécheresse de la saison.

HERBES DES PACQUIS DE TRÈFLE.

	Noms Français	Noms Latins	Noms Anglais	Noms Provinciaux
Genre 1345. Esp. 2.	Herbe à coton.	*Filago Germanica.*	Common cudweed.	
Genre 797. Esp. 2.	Céraiste.	*Cerastium vulgatum.*	Common mousear.	
Genre 1118. Esp. 66.	Bec de cigogne.	*Geranium dissectum.*	Jagged cranesbill.	
Genre 1254. Esp. 2.	Chardon lancéolé.	*Carduus lanceolatus.*	Spear thistle.	
Genre 613. Esp. 5.	Patience frisée.	*Rumex crispus.*	Curled dock.	
1233. Esp. 5.	Laitron des champs, le grand laitron.	*Sonchus oleraceus.*	Common sow thistle.	
Genre 1264. Esp. 15.	Chardon hémorroïdal, ou sarrette des champs.	*Serratula arvensis* (1).	Common thistle.	

(1) J'ai vu dans la pratique du premier cultivateur de ce district, qu'il fait arracher cette plante de ses pacquis avec un outil de fer tel que ceux avec lesquels on arrache les patiences et les oseilles ; et quoiqu'il ne les détruise pas absolument par cette opération dès la première fois, cependant cela affoiblit beaucoup les racines ; et en continuant quelques années, on dit que cela les extirpe tout-à-fait. Je rapporte ceci pour l'utilité de ceux qui cherchent les moyens de détruire ce formidable ennemi des cultures de la manière la plus sûre.

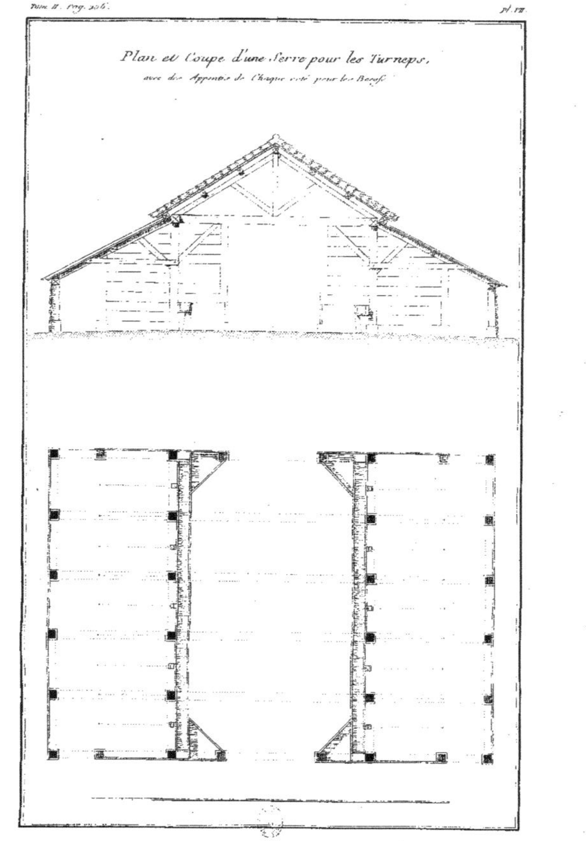

Plan et Coupe d'une Serre pour les Turneps,
avec des Appentis de Chaque coté pour les Boeufs.

CATALOGUE DES PLANTES DES PRÉS DE LA VALLÉE DE PICKERING.

		Noms français.	Noms latins.	Noms anglais.	Noms provinciaux.
Genre 927.	Esp. 1.	Chardon, onoporde.	*Onopordon acanthium.*	Cotton thistle.	Pig leaves.
Genre 149.	Esp. 7.	Scabieuse des prés.	*Scabiosa succisa.*	Meadow scabious.	Blow caps.
Genre 190.	Esp. 1.	Sanguisorbe.	*Sanguisorba officinalis.*	Meadow burnet.	
Genre 590.	Esp. 10.	Jonc articulé.	*Juncus articulatus.*	Jointed rush.	
Genre 92.	Esp. 3.	Choin.	*Schœnus nigricans.*	Blackheaded bog rush.	Clock leaves.
Genre 1088.	Esp. 13.	Cresson des prés.	*Cardamine pratensis.*	Ladies smock.	
Genre 973.	Esp. 1.	Bétoine officinale.	*Betonica officinalis* (1).	Betony.	
Genre 997.	Esp. 3.	Cocrête glabre ou crête de coq.	*Rhinanthus crista galli.*	Yellow rattle.	Hen penny.
Genre 60.	Esp. 4.	Valériane dioïque (mâche, doucette).	*Valeriana dioica.*	Marsh valerian.	
Genre 948.	Esp. 23.	Silvie, ou anémone des bois.	*Anemone nemorosa.*	Wood anemone.	
Genre 590.	Esp. 19.	Jonc à tête chauve.	*Juncus campestris.*	Grass rush.	
Genre 1367.	Esp.	Satirion, orchis.	*Orchis.*	Orchises.	Crakefeet.
Genre 1407.		Laiche.	*Carices.*	Sedges.	Segs.
Genre 1565.	Esp. 7.	Houque laineuse.	*Holcus lanatus.*	Meadow soft grass.	Hayseeds.
Genre 58.	Esp. 2.	Flouve odorante.	*Anthoxanthum odoratum.*	Vernal.	
Genre 114.	Esp. 3.	Paturin commun.	*Poa trivialis.*	Common poa.	
Genre 111.	Esp. 13.	Agrostide.	*Agrostis canina.*	Brown brent grass.	
Genre 115.	Esp. 3.	Amourette.	*Briza media.*	Trembling grass.	
Genre 119.	Esp. 6.	Fétuque dure.	*Festuca duriuscula.*	Hard fescue grass.	
Genre 112.		Canche.	*Aira cerulea.*	Purple air grass.	
Genre 109.	Esp. 3.	Fléau noueux.	*Phleum nodosum.*	Bulbous cat'stail grass.	
Genre 1155.	Esp. 5.	Orobe tubéreux.	*Orobus tuberosus.*	Bulbous poa.	
Genre 1212.	Esp. 16.	Lotier cornu.	*Lotus corniculatus.*	Birds foot trefoil.	
Genre 1246.	Esp. 4.	Porcelle.	*Hypochœris radicata.*	Langrooted hawkweed.	
Genre 1964.	Esp. 1.	Sarrette.	*Serratula tinctoria.*	Dyeris saw-wort.	
Genre 1313.	Esp. 12.	Millefeuille.	*Achillea ptarmica.*	Goose tongue.	
Genre 472.	Esp. 5.	Saxifrage des Anglais ou des anciens.	*Peucedanum silans.*	Meadow saxifrage.	
Genre 1187.	Esp. 5.	Vesce à bouquet.	*Vicia cracca.*	Blue tufted vetch.	
Genre 1155.	Esp. 6.	Laitier commun (poligala d'Europe).	*Polygala vulgaris.*	Milkwort.	
Genre 1003.	Esp. 1.	Pédiculaire des marais.	*Pedicularis palustris.*	Marsh louse wort.	
Genre 862.	Esp. 15.	Reine des prés.	*Spirea ulmaria.*	Medow sweet.	
Genre 845.	Esp. 1.	Salicaire.	*Lithrum salicaria.*	Spiked willowherb.	
Genre 124.	Esp. 5.	Roseau.	*Arundo calamagrostis.*	Hedge reed.	
Genre 1254.	Esp. 8.	Chardon des marais.	*Carduus palustris.*	Marsh thistle.	
Genre 796.	Esp. 2.	Fleur de coucou.	*Lychnis flos cuculi.*	Medow campion.	
Genre 590.	Esp. 3.	Jonc commun.	*Juncus effusus.*	Common rush.	Scaves.
Genre 590.	Esp. 4.	Jonc à tige courbée.	*Juncus inflexus.*	Wire rush.	Reshes.
Genre 1291.	Esp. 10.	Cinéraire des marais.	*Cineraria palustris.*	Marsh fleabane.	
Genre 1331.	Esp. 30.	Centaurée jacée.	*Centaurea jacea.*	Meadow knobweed.	Horsknobs.
Genre 1313.	Esp. 18.	Millefeuille.	*Achillea millefolium.*	Milfoil.	
Genre 523.	Esp. 1.		*Parnassis palustris.*	Grass of Parnassus.	
Genre 797.	Esp. 2.	Céraiste.	*Cerastium vulgatum.*	Common mouse ear.	
Genre 866.	Esp. 2.	Argentine commune.	*Potentilla anserina.*	Silver weed.	
Genre 122.	Esp. 12.	Avenette blonde.	*Avena flavescens.*	Yellow oat grass.	
Genre 126.	Esp. 1.	Raygrass (ivraie).	*Lolium perenne.*	Rye-grass.	
Genre 118.	Esp. 1.	Cretelle.	*Cynosurus cristatus.*	Crested dog'stail.	Windlestraws.
Genre 119.	Esp. 8.	Fétuque (grande).	*Festuca elatior.*	Tall fescue.	
Genre 111.	Esp. 19.	Agrostide blanche.	*Agrostis alba.*	Marsh bent grass.	
Genre 102.	Esp. 5.	Queue de renard noueuse.	*Alopecurus geniculatus.*	Flote foxtail.	
Genre 119.	Esp. 15.	Fétuque (flottante).	*Festuca fluitans.*	Flote fescue.	
Genre 112.	Esp. 6.	Canche.	*Aira cæspitosa.*	Turfi air grass.	Bulls for heads.
Genre 1186.	Esp. 16.	Gesse des prés.	*Lathyrus pratensis.*	Medow vetchling.	
Genre 1211.	Esp. 21.	Trèfle des prés.	*Trifolium pratense.*	Meadow trefoil.	
Genre 953.	Esp. 33.	Bassinet ou renoncule acre.	*Ranunculus acris.*	Common crowfoot.	
Genre 953.	Esp. 31.	Renoncule rampante.	*Ranunculus repens.*	Creeping crowfoot.	
Genre 1212.	Esp. 16.	Lotier cornu.	*Carduus corniculatus.*	Birds fort trefoil.	
Genre 613.	Esp. 27.	Oseille.	*Rumex acetosa.*	Common sorel.	Sourdocken.
Genre 479.	Esp. 2.	Angélique sauvage.	*Angelica sylvestris.*	Wild angelica.	
Genre 869.	Esp. 1.	Comarète des marais.	*Comarum palustre.*	Marsh cinquefoil.	
Genre 1307.	Esp. 5.	Marguerite vulgaire.	*Chrysanthemum, leucanthemum.*	Oxeye daisey.	
Genre 1224.	Esp. 25.	Millepertuis.	*Hypericum quadrangulum.*	St. Peters wort.	
Genre 990.	Esp. 1.	Brunelle commune.	*Prunella vulgaris.*	Self heat.	
Genre 1167.	Esp. 6.	Genêt, bonnet de coca.	*Genista tinctoria.*	Dier's broom.	Woodwash.
Genre 1493.		Saule.	*Salix.*	Dwarf bitter willow.	
Genre 639.		Epilobe, nériète.	*Epilobium parviflorum.*	Small flowered willow herb.	
Genre 95.	Esp. 1.		*Eriophorum vaginatum.*	Cotton rush.	
Genre 778.	Esp. 3.	Spargoute.	*Spergula nodosa.*	Marsh spurrey.	
Genre 40.	Esp. 2.	Grassette commune.	*Pinguicula vulgaris.*	Bog violet.	
Genre 457.	Esp. 1.		*Hydrocotyle vulgaris.*	Penny wort.	
Genre 269.	Esp. 9.	Lisimachie (corneille).	*Lysimachia nummularia.*	Money wort.	
Genre 957.		Menthe.	*Menthae.*	Ments.	
Genre 677.	Esp. 9.	Persicaire brûlante, poivre d'eau.	*Polygonum hydropifer.*	Smartweed.	
Genre 480.	Esp. 3.	Berle (chervi).	*Sium nodiflorum.*	Creeping water parsnep.	
Genre 957.	Esp. 1.	Populage.	*Caltha palustris.*	Mars marigold.	
Genre 79.	Esp. 18.	Iris jaune, flambe des prés.	*Iris pseudacorus.*	Yellow flag.	
Genre 263.	Esp. 4.	Ménianthe tréflée (2).	*Menianthes trifoliata.*	Bog bean.	
Genre 1614.	Esp. 3.	Prèle des marais.	*Equisetum palustre.*	Marsh horsetail.	
Genre 162.	Esp. 2.	Caillelait.	*Galium palustre.*	White bedstraw.	
Genre 32.	Esp. 18.	Beccabunga.	*Veronica beccabunga.*	Brook lime.	
Genre 1089.	Esp. 1.	Cresson de fontaine.	*Sisimbrium nasturtium.*	Water cress.	

(1) C'est une des plantes que l'on rencontre le plus communément dans les prés de ce canton, et qui abonde dans tous les sols et dans toutes les situations depuis les marais jusque sur les montagnes. Le nom de bétoine des bois lui est mal appliqué dans ce canton.
(2) Trèfle d'eau.

Genre	Esp.	NOMS FRANÇAIS.	NOMS LATINS.	NOMS ANGLAIS.	NOMS PROVINCIAUX.
Genre 118.	Esp. 1.	Cretelle.	Cynosurus cristatus.	Crested dog'stail.	Windlestraws.
Genre 117.	Esp. 2.	Chiendent à bossette.	Dactylis glomerata.	Orchard grass.	
Genre 111.	Esp. 13.	Agrostide.	Agrostis canina.	Brown bent grass.	
Genre 58.	Esp. 2.	Flouve odorante.	Anthoxantam odorathum.	Vernal.	
Genre 1565.	Esp. 7.	Houque laineuse.	Holcus lanatus.	Meadow soft grass.	White grass.
Genre 115.	Esp. 3.	Amourette.	Briza media.	Trembling grass.	
Genre 122.	Esp. 12.	Avenette blonde.	Avena flavescens.	Yellow oat grass.	
Genre 126.	Esp. 1.	Raygrass, ivraie.	Lolium perenne.	Ryegrass.	
Genre 114.	Esp. 3.	Paturin commun.	Poa trivialis.	Common poa.	
Genre 114.	Esp. 6.	Paturin annuel.	Poa annua.	Dwarf poa.	
Genre 114.	Esp. 5.	Le grand poa, ou fouet de Jésus.	Poa pratensis.	Meadow poa.	
Genre 102.	Esp. 3.	Queue de renard des prés.	Alopecurus pratensis.	Meadow foxtail.	
Genre 119.	Esp. 8.	Grande fétuque.	Festuca elatior.	Tall fescue.	
Genre 119.	Esp. 6.	Fétuque dure.	Festuca duriuscula.	Hard fescue.	
Genre 120.	Esp. 3.	Droue.	Bromus mollis.	Soft brome grass.	
Genre 122.	Esp. 2.	Avoine.	Avena pubescens.	Tall oat grass.	
Genre 111.	Esp. 17.	Agrostide.	Agrostis capillaris.	Fine bent grass.	
Genre 129.	Esp. 7.	Orge stérile.	Hordeum murinum.	Common barley grass.	
Genre 590.	Esp. 19.	Jonc à tête chauve.	Juncus campestris.	Grass rush.	
Genre 186.	Esp. 6.	Plantain lancéolé, à feuilles étroites.	Plantago lanceolatus.	Narrow plantain.	Rib-grass.
Genre 1211.	Esp. 21.	Trèfle rouge.	Trifolium pratense.	Medow plantain.	Red clover.
Genre 1211.	Esp. 15.	Trèfle rampant.	Trifolium repens.	Creeping trefoil	White clover.
Genre 1211.	Esp. 43.	Trèfle.	Trifolium procumbans.	Procumbent trefoil.	Trefoil.
Genre 1212.	Esp. 16.	Lotier cornu.	Lotus corniculatus.	Birds foot trefoil.	
Genre 1187.	Esp. 5.	Vesce cultivée.	Lathyrus pratensis.	Meadow wetch.	Fitches.
Genre 953.	Esp. 33.	Bassinet ou renoncule acre.	Ranunculus arris.	Common crowfoot.	
Genre 953.	Esp. 31.	Renoncule rampante.	Ranunculus repens.	Creeping crowfoot.	
Genre 953.	Esp. 30.	Renoncule bulbeuse.	Ranunculus bulbosus.	Bulbous crowfoot.	
Genre 1237.	Esp. 1.	Pissenlit commun.	Leontodon taraxacum.	Common dandelion.	
Genre 1237.	Esp. 8.	Dent de lion hérissée.	Leontodon hispidum.	Rough dandelion.	
Genre 1246.	Esp. 4.	Porcelle.	Hypochæris radicata.	Langrooted hawkweed.	
Genre 997.	Esp. 5.	Cocrête glabre ou crête de coq.	Rhinanthus crista galli.	Yellow rattle.	Henpenny.
Genre 973.	Esp. 1.	Bétoine officinale.	Betonica officinalis.	Betony.	
Genre 797.	Esp. 2.	Céraiste.	Cerastium vulgatum.	Common mouse ear.	
Genre 1575.	Esp. 6.	Croisette.	Valantia cruciata.	Crosswort.	
Genre 990.	Esp. 1.	Brunelle commune.	Prunella vulgaris.	Selfheal.	
Genre 32.	Esp. 26.	Véronique à épis.	Veronica chamædris.	Germander speedwell.	Birds eye.
Genre 953.	Esp. 10.	Renoncule ficaire.	Ranunculus ficaria.	Pilewort.	
Genre 258.	Esp. 1.	Primevère.	Primula veris.	Cowslip.	Cowstriplings.
Genre 500.	Esp. 1.	Paquerette vivace.	Bellis perennis.	Daisey.	Bairnwort.
Genre 477.	Esp. 1.	Berce.	Heracleum sphondylium.	Cowparsnep.	Cushia.
Genre 1331.	Esp. 30.	Centaurée jacée.	Centaurea jacea.	Meadow knobweed.	Borsknobs.
Genre 1290.	Esp. 31.	Jacobée.	Senecio jacobæa.	Common ragwort.	Seggrums.
Genre 1313.	Esp. 18.	Achillière.	Achilleum millefolium.	Milfoil.	
Genre 613.	Esp. 27.	Oseille.	Rumex acetosa.	Common sorrel.	Sourdocken.
Genre 290.	Esp. 4.	Campanule à feuilles rondes.	Campanula rotundifolia.	Blue bells.	
Genre 186.	Esp. 1.	Plantain à feuilles larges.	Plantago major.	Broad plantain.	
Genre 1187.	Esp. 5.	Vesce à bouquet.	Vicia cracca.	Blue tufted vetch.	
Genre 1187.	Esp. 16.	Vesce.	Vicia sepium.	Bush vetch.	
Genre 1188.	Esp. 3.	Ers, lentille velue.	Ervum hirsutum.	Two seeded tare.	
Genre 1229.	Esp. 1.	Salsifix des prés.	Tragopogon pratense.	Yellow goatsbeard.	
Genre 830.	Esp. 1.	Aigremoine officinale.	Agrimonia eupatoria.	Agrimoni.	
Genre 1118.	Esp. 55.	Géranium des prés.	Geranium pratense.	Crowfoot cranesbill.	
Genre 1134.	Esp. 17.	Mauve sauvage.	Malva sylvestris.	Common mallow.	Mauls.
Genre 1134.	Esp. 15.	Mauve à feuilles rondes.	Malva rotundifolia.	Round leaved mallew.	
Genre 490.	Esp. 1.	Cerfeuil sauvage.	Charophyllum sylvestre.	Orchard weed.	Cicely.
Genre 613.	Esp. 5.	Oseille ou patience.	Rumex crispus.	Curled dock.	Dockens.
Genre 613.	Esp. 11.	Patience à grandes feuilles.	Rumex obtusifolius.	Broad leaved dock.	
Genre 1422.	Esp. 7.	Ortie.	Urtica dioica.	Common nettle.	

	NOMS FRANÇAIS.	NOMS LATINS.	NOMS ANGLAIS.	NOMS PROVINCIAUX.
Genre 1237. Esp. 8.	Dent de lion hérissée.	*Leontodon hispidum.*	Rough dandelion.	
Genre 186. Esp. 3.	Plantain à feuilles moyennes.	*Plantago media.*	Midle plantain.	
Genre 1246. Esp. 4.	Porcelle.	*Hypochæris radicata.*	Lungrooted hawkweed.	
Genre 1237. Esp. 1.	Pissenlit commun.	*Leontodon taraxacum.*	Common dandelion.	
Genre 997. Esp. 3.	Cocrète glabre.	*Rhinanthus crista galli.*	Yellow rattle.	Hen penny.
Genre 1307. Esp. 5.	Leucanthème vulgaire.	*Chrysanthemum, leucanthemum.*	Oxeye daisey.	
Genre 528. Esp. 19.	Lin (purgatif).	*Linum catharticum.*	Purging flax.	Mountain flax.
Genre 222. Esp. 1.	Pied de lion, alchemille commune.	*Alchemilla vulgaris.*	Ladies mantle.	
Genre 1155. Esp. 6.	Laitier commun.	*Polygala vulgaris.*	Milkwort.	
Genre 119. Esp. 6.	Fétuque dure.	*Festuca duriuscula.*	Hard fescue.	
Genre 58. Esp. 2.	Flouve odorante.	*Anthoxanthum odoratum.*	Vernal.	
Genre 1565. Esp. 7.	Houque laineuse.	*Holcus lanatus.*	Meadow soft grass.	White grass.
Genre 122. Esp. 10.	Avoine.	*Avena pubescens.*	Rough oat grass.	
Genre 122. Esp. 12.	Avenette blonde.	*Avena flavescens.*	Yellow oat grass.	
Genre 115. Esp. 3.	Amourette.	*Briza media.*	Trembling grass.	
Genre 111. Esp. 13.	Chiendent.	*Agrostis canina.*	Brown bent grass.	
Genre 117. Esp. 2.	Chiendent à bossette.	*Dactylis glomerata.*	Orchard grass.	
Genre 114. Esp. 3.	Paturin commun.	*Poa trivialis.*	Common poa.	
Genre 126. Esp. 1.	Raygrass, ivraie vivace.	*Lolium perenne.*	Rye-grass.	
Genre 118. Esp. 1.	Cretelle.	*Cynosurus cristatus.*	Crested dog'stail.	Windlestraws.
Genre 114. Esp. 5.	Paturin des prés.	*Poa pratensis.*	Meadow poa.	
Genre 109. Esp. 3.	Fléau.	*Phleum nodosum.*	Bulbous cat'stail grass.	
Genre 122. Esp. 2.	Avoine.	*Avena elatior.*	Tall oat grass.	
Genre 119. Esp. 2.	Fétuque.	*Festuca ovina.*	Sheep's fescue.	
Genre 590. Esp. 19.	Jonc à tête chauve.	*Juncus campestris.*	Grass rush.	
Genre 1407. Esp. 29.	Laiche.	*Carex saxatilis.*	Upland sedge.	
Genre 186. Esp. 6.	Plantain à feuilles étroites.	*Plantago lanceolatus.*	Narrow plantain.	
Genre 1211. Esp. 21.	Trèfle rouge des prés.	*Trifolium pratense.*	Meadow trefoil.	Red clover.
Esp. 22.	Trèfle.	*Trifolium alpestre.*	Alpine trefoil.	
Esp. 13.	Trèfle rampant.	*Trifolium repens.*	Creeping trefoil.	White clover.
Esp. 41.	Trèfle roux.	*Trifolium agrarium.*	Hop trefoil.	
Genre 1186. Esp. 16.	Gesse des prés.	*Lathyrus pratensis.*	Meadow vetchling.	
Genre 1212. Esp. 16.	Lotier cornu.	*Lotus corniculatus.*	Birds foot trefoil.	
Genre 1185. Esp. 5.	Orobe tubéreux.	*Orobus tuberosus.*	Bulbons poa.	
Genre 1174. Esp. 2.	Anthillide vulnéraire.	*Anthylis vulneraria.*	Ladies finger.	
Genre 162. Esp. 12.	Caillelait jaune.	*Galium verum.*	Yellow bedstraw.	
Genre 290. Esp. 4.	Campanule à feuilles rondes.	*Campanula rotundifolia.*	Bellflower.	
Genre 32. Esp. 26.	Véronique à épis.	*Veronica chamædrys.*	Germander speedwell.	
Genre 998. Esp. 4.	Eufraise.	*Euphrasia odontites.*	Red eye brigt.	
Genre 998. Esp. 2.	Eufraise officinale.	*Euphrasia officinalis.*	Common eye bright.	
Genre 1575. Esp. 6.	Croisette.	*Valantia cruciata.*	Crosswort.	
Genre 797. Esp. 2.	Céraiste.	*Cerastium vulgatum.*	Common mouse ear.	
Genre 973. Esp. 1.	Bétoine officinale.	*Betonica officinalis.*	Betony.	
Genre 990. Esp. 1.	Brunelle commune.	*Prunella vulgaris.*	Self heat.	
Genre 258. Esp. 1.	Primevère.	*Primula veris.*	Cowslip.	Cowstriplings.
Genre 953. Esp. 10.	Renoncule ficaire.	*Ranunculus ficaria.*	Pilewort.	
Genre 300. Esp. 1.	Paquerette vivace.	*Bellis perennis.*	Daisay.	Dog daisies.
Genre 1076. Esp. 4.	Drave du printems.	*Draba verna.*	White low wort.	
Genre 982. Esp. 1.	Serpolet.	*Thymus serpilum.*	Wild thyme.	
Genre 866. Esp. 26.	Potentille, cinquefeuille.	*Potentilla reptans.*	Creeping cinquefoil.	
Genre 1331. Esp. 30.	Centaurée jacée.	*Centaurea jacea.*	Meadow knobweed.	Horseknobs.
Genre 953. Esp. 33.	Renoncule acre.	*Ranunculus acris.*	Common crowfoot.	
Genre 953. Esp. 31.	Renoncule rampante.	*Ranunculus repens.*	Creeping crowfoot.	
Genre 149. Esp. 13.	Scabieuse des champs.	*Scabiosa arvensis.*	Field scabious.	
Genre 149. Esp. 16.	Scabieuse.	*Scabiosa columbaria.*	Moustain scabious.	
Genre 149. Esp. 7.	Scabieuse.	*Scabiosa succisa.*	Meadow scabious.	Blue caps.
Genre 468. Esp. 1.	Surou, ternoise.	*Bunium bulbocastanum.*	Earthnut.	Yernuts.
Genre 1313. Esp. 18.	Millefeuille.	*Achillea millefolium.*	Milfoil.	
Genre 477. Esp. 1.	Berce.	*Senecio jacobæa.*	Ragwort.	Seggrums.
Genre 1290. Esp. 31.	Jacobée.	*Heracleum sphondylium.*	Cowparsnep.	
Genre 1367. Esp. 24.	Orchis mâle.	*Orchis mascula.*	Male orchis.	
Genre 1367. Esp. 23.	Orchis.	*Orchis morio.*	Fool's orchis.	
Genre 1367. Esp. 25.	Orchis.	*Orchis ustulata.*	Upland orchis.	
Genre 1445. Esp. 1.	Pimprenelle.	*Poterium sanguisorba.*	Upland burnet.	
Genre 981. Esp. 7.	Origan commun, marjolaine.	*Origanum vulgare.*	Wild marjoram.	
Genre 862. Esp. 14.	Spirea.	*Spirea filipendula.*	Drop wort.	
Genre 830. Esp. 1.	Aigremoine officinale.	*Agrimonia eupatoria.*	Agrimoni.	
Genre 60. Esp. 5.	Valériane officinale, mâche.	*Valeriana officinalis.*	Medical valerian.	
Genre 976. Esp. 6.	Marrube blanc.	*Marrubium vulgare.*	Horehound.	
Genre 458. Esp. 1.	Sanicle officinale.	*Sanicula Europæa.*	Sanicle.	
Genre 450. Esp. 24.	Gentiane centaurée.	*Gentiana centaurium.*	Centaury gentian.	
Genre 831. Esp. 1.	Réséda jaune.	*Reseda luteola.*	Weld.	
Genre 1239. Esp. 11.	Crépide.	*Crepis tectorum.*	Smooth crepis.	
Genre 773. Esp. 5.	Stellaire.	*Stellaria graminea.*	Meadow stichwort.	
Genre 1187. Esp. 5.	Vesce.	*Vicia cracca.*	Blue tufted vetch.	
Genre 1188. Esp. 3.	Ers, ou lentille velue.	*Ervum hirsutum.*	Two seeded tare.	
Genre 1118. Esp. 60.	Bec de grue robertin, ou herbe à Robert.	*Geranium Robertianum.*	Hinking cranes bill.	
Genre 1118. Esp. 66.		*Geranium dissectum.*	Jagged cranes bill.	
Genre 1118. Esp. 37.		*Geranium cicutarium.*	Himlock leaved cranes bill.	
Genre 156. Esp. 1.	Shérardie.	*Sherardia arvensis.*	Field sherard.	
Genre 1238. Esp. 7.	Epervière piloselle.	*Hieracium pilocella.*	Mouse ear houvkweed.	
Genre 223. Esp. 1.	Perce-pierre.	*Aphanes arvensis.*	Parsley pert.	
Genre 1626. Esp. 17.	Ptéris aquilin, fougère.	*Pteris aquilina.*	Brakes.	Brakens.
Genre 1264. Esp. 2.	Chardon lancéolé.	*Carduus lanceolatus.*	Speac thistle.	Bur thistle.
Genre 1254. Esp. 4.	Chardon.	*Carduus nutans.*	Nodding thistle.	
Genre 1254. Esp. 27.	Chardon.	*Carduus eriphorus.*	Woolly headed thistle.	
Genre 1264. Esp. 15.	Chardon hémorroïdal, ou sarrette des champs.	*Serratula arvensis.*	Common thistle.	
Genre 1254. Esp. 8.	Chardon des marais.	*Carduus palustris.*	Marsh thistle.	Rad thistle.
Genre 1258. Esp. 4.	Carline commune.	*Carlina vulgaris.*	Carline thistle.	
Genre 1173. Esp. 3.	Arrête-bœuf, bugrane.	*Ononis arvensis.*	Rost harrow.	Rust burn.
Genre 863. Esp. 6.	Rose.	*Rosa spinosissima.*	Burnet rose.	Cat whin.

	NOMS FRANÇAIS.	NOMS LATINS.	NOMS ANGLAIS.	NOMS PROVINCIAUX.
Genre 126. Esp. 1.	Raygrass , ivraie vivace.	*Lolium perenne.*	Ryegrass.	
Genre 1211. Esp. 13.	Trèfle triolet.	*Trifolium repens.*	Creeping trefoil.	
Genre 1211. Esp. 43.	Trèfle.	*Trifolium procumbens.*	Procumbent trefoil.	
Genre 129. Esp. 7.	Orge stérile.	*Hordeum murinum.*	Common barley grass.	
Genre 109. Esp. 3.	Fléau à nœuds.	*Phleum nodosum.*	Bulbous cat'stail grass.	
Genre 118. Esp. 21.	Cretelle.	*Cynosurus cristatus.*	Crested dog'stail grass.	
Genre 1407. Esp.	Laiches.	*Carices.*	Sedges.	
Genre 58. Esp. 2.	Flouve odorante.	*Anthoxanthum odoratum.*	Vernal.	
Genre 102. Esp. 3.	Vulpin des prés.	*Alopecurus pratensis.*	Meadow foxtail grass.	
Genre 119. Esp. 15.	Fétuque , manne de Prusse.	*Festuca fluitans.*	Floating fescue.	
Genre 119. Esp. 8.	Grande fétuque.	*Festuca elatior.*	Tall fescue.	
Genre 111. Esp. 19.	Agrostide blanche.	*Agrostis alba.*	Creeping bent grass.	
Genre 111. Esp. 17.	Agrostide capillaire.	*Agrostis capillaris.*	Fine bent grass.	
Genre 102. Esp. 5.	Vulpin.	*Alopecurus geniculatus.*	Marsh foxtail grass.	
Genre 1565. Esp. 7.	Houque laineuse.	*Holcus lanatus.*	Meadow soft grass.	
Genre 120. Esp. 3.	Drone.	*Bromus mollis.*	Soft brome grass.	
Genre 120.	Droue.	*Bromus.*	Smoth brome grass.	
Genre 122. Esp. 12.	Avenette blonde.	*Avena flavescens.*	Yellow oat grass.	
Genre 114. Esp. 3.	Paturin commun.	*Poa trivialis.*	Common poa.	
Genre 114. Esp. 6.	Paturin annuel.	*Poa pratensis.*	Dwarf poa.	
Genre 190. Esp. 1.	Sanguisorbe ou pimprenelle des montagnes.	*Sanguisorba officinalis.*	Meadow burnet.	
Genre 1186. Esp. 16.	Gesse des prés.	*Lathyrus pratensis.*	Meadow vetchling.	
Genre 1211. Esp. 21.	Trèfle rouge des prés.	*Trifolium pratense.*	Meadow trefoil.	
Genre 1212. Esp. 16.	Lotier cornu.	*Lotus corniculatus.*	Birdsfoot trefoil.	
Genre 953. Esp. 31.	Renoncule rampante.	*Ranunculus repens.*	Creeping crowfoot (1).	Creeping crasey.
Genre 1307. Esp. 5.	Marguerite des prés.	*Chrysanthemum leucanthemum.*	Ox eye daisay.	
Genre 1331. Esp. 12.	Centaurée noire.	*Centaurea nigra.*	Common knobweed.	
Genre 1313. Esp. 18.	Millefeuille.	*Achillea millefolium.*	Common milfoil.	
Genre 613. Esp. 27.	Oseille ordinaire.	*Rumex acetosa.*	Sorrel.	
Genre 613. Esp. 5.	Oseille frisée.	*Rumex crispus.*	Carled dock.	
Genre 613. Esp. 11.	Patience à feuilles obtuses.	*Rumex obtusifolius.*	Broad leaved dock (2).	
Genre 1237. Esp. 1.	Pissenlit commun.	*Leontodon taraxacum.*	Common dandelion.	
Genre 1246. Esp. 4.	Porcelle.	*Hypochæris radiculata.*	Longrooted hawkweed.	
Genre 162. Esp. 12.	Caillelait jaune.	*Galium verum.*	Yellow bedstraw.	
Genre 953. Esp. 10.	Renoncule ficaire.	*Ranunculus ficaria.*	Pilewort.	
Genre 300. Esp. 1.	Paquerotte vivace.	*Bellis perennis.*	Common daisay.	
Genre 117. Esp. 2.	Chiendent à bossette.	*Dactylis glomerata.*	Orchard grass.	
Genre 115. Esp. 3.	Amourette.	*Briza media.*	Tremblin grass.	
Genre 112. Esp. 6.	Canche.	*Aira cæspitosa.*	Hassock air grass.	
Genre 122. Esp. 2.	Fromentale.	*Avena elatior.*	Tatt oat grass.	
Genre 119. Esp. 6.	Fétuque dure.	*Festuca duriuscula.*	Hard fescue.	
Genre 690. Esp. 10.	Jonc articulé.	*Juncus articulatus.*	Jointed rush.	
Genre 94. Esp. 6.	Scirpe.	*Scirpus cæspitosus.*	Fluted clubrush.	
Genre 473. Esp. 5.	Saxifrage des Anglais ou des anciens.	*Peucedanum silaus.*	Meadow saxifrage.	
Genre 484. Esp. 5.	Filipendule des marais.	*Œnanthe pimpinelloïdes ?*	Meadow drapwort ?	
Genre 477. Esp. 1.	Berce ou fausse brancursine.	*Heracleum sphondylium.*	Cowparsnep.	
Genre 1264. Esp. 8.	Chardon des marais.	*Carduus palustris.*	Marsh thistle.	
Genre 1264. Esp. 15.	Chardon hémorroïdal , sarrette des champs.	*Serratula arvensis.*	Common thistle.	
Genre 1422. Esp. 7.	Orties (grandes orties).	*Urtica dioica.*	Common nettle.	
Genre 1187. Esp. 5.	Vesce à bouquet.	*Vicia cracca.*	Bluetusted vetch.	
Genre 106. Esp. 8.	Alpiste , bled d'oiseau.	*Phalaris arundinacea.*	Reed canarigrass.	
Genre 1088. Esp. 13.	Cresson des prés.	*Cardamine pratensis.*	Common ladysmock.	
Genre 1290. Esp.	Senecon aquatique.	*Senecio aquaticus.*	Marsh ragwort.	
Genre 862. Esp. 15.	Reine des prés.	*Spirea ulmaria.*	Meadow sweet.	
Genre 796. Esp. 2.	Fleur de concou.	*Lychnis flos cuculi.*	Meadow campion.	
Genre 953. Esp. 33.	Renoncule acre.	*Ranunculus acris.*	Common crowfoot.	
Genre 953. Esp. 30.	Renoncule bulbeuse.	*Ranunculus bulbosus.*		
Genre 494. Esp. 2.	Panais cultivé.	*Pastinaca sativa.*	Wild parsnep.	
Genre 1913. Esp. 12.	Herbe à éternuer.	*Achillea ptarmica.*	Goose tongue.	
Genre 866. Esp. 2.	Argentine commune.	*Potentilla anserina.*	Silver weed.	
Genre 866. Esp. 26.	Quintefeuille ordinaire.	*Potentilla reptans.*	Creeping cinquefoil.	
Genre 797. Esp. 2.	Céraiste.	*Cerastium vulgatum.*	Common mouse ear.	
Genre 162. Esp. 2.	Caillelait des marais.	*Galium palustre.*	Marsh bedstraw.	
Genre 990. Esp. 1.	Brunelle commune.	*Prunella vulgaris.*	Selfheal.	
Genre 959. Esp. 5.	Bugle rampante.	*Ajuga reptans.*	Meadow bugle.	
Genre 240. Esp. 1.	Scorpione ou gremillette.	*Myosotis scorpioides.*	Scorpion mousear.	
Genre 186. Esp. 3.	Moyen plantain.	*Plantago media.*	Midle plantain.	
Genre 997. Esp. 3.	Cocrète glabre , crête de coq.	*Rhinanthus crista galli.*	Yellow rattle.	
Genre 186. Esp. 6.	Plantain lancéolé à feuilles etroites.	*Plantago lanceolata.*	Narrow plantain.	
Genre 821. Esp. 1.	Tue-chien, colchique d'antonne.	*Colchium autumnale.*	Autumnal crocus.	
Genre 557. Esp. 23.	Ail des vignes.	*Allium vineale.*	Crow garlic.	
Genre 1229. Esp. 1.	Barbe de bouc, rhubarbe des paysans.	*Tragopogon pratense.*	Goats beard.	
Genre 951. Esp. 14.	Rue des prés , pigamon.	*Thalictum flavum.*	Meadow rue.	
Genre 1280. Esp. 6.	Tanaise vulgaire.	*Tanacetum vulgare.*	Common tansey (3).	
Genre 797. Esp. 13.	Céraiste.	*Cerastium aquaticum.*	Marsh mousear.	
Genre 162. Esp. 13.	Caillelait blanc.	*Galium mollugo.*	Bastard madder.	
Genre 1007. Esp. 33.	Mufflier linaire.	*Antirrhinum linaria.*	Common snapdragon.	
Genre 1118. Esp. 55.	Géranium des prés.	*Geranium pratense.*	Crowfoot cranesbill.	
Genre 60. Esp. 2.	Valériane dioique des marais.	*Valeriana dioica.*	Marsh valerian.	
Genre 1367. Esp. 37.	Orchis maculé.	*Orchis maculata.*	Spotted orchis.	
Genre 677. Esp. 10.	Renouée , persicaire.	*Poligonum persicaria.*	Common persicaria.	
Genre 825. Esp. 1.	Salicaire.	*Lythrum salicaria.*	Spiked willoherd.	
Genre 246. Esp. 1.	Grande consoude.	*Symphitum officinale.*	Common comfrey.	
Genre 953. Esp. 1.	Petite douve , renoncule flammette.	*Ranunculus flammula.*	Common spearwort.	
Genre 957. Esp. 1.	Souci des marais.	*Caltha palustris.*	Marsh marigold.	
Genre 967. Esp. 7.	Menthe velue.	*Mentha hirsuta.*	Velvet mint.	
Genre 1089. Esp. 2.	Cresson de rivière.	*Sisymbrium sylvestre.*	Water rocket.	
Genre 1089. Esp. 4.	Raifort sauvage.	*Sisymbrium amphibium.*	Water radish.	
Genre 140. Esp. 1.	Ruban d'eau.	*Sparganium erectum.*	Common burflag.	
Genre 114. Esp. 1.	Paturin d'eau.	*Poa aquatica.*	Water poa.	

(1) Cette plante est regardée ici comme un bon herbage , tandis que l'espèce commune et l'espèce bulbeuse de la même famille sont considérées comme très-pernicieuses , sur-tout mêlées dans le foin. C'est une distinction qui mérite toute l'attention du cultivateur. Il paroît en effet en y regardant de près , que les deux dernières espèces sont extrêmement âcres , et produisent probablement un effet caustique sur la bouche des animaux qui les mangent ; tandis que la première est très-douce et très-agréable au goût, circonstance qu'on ne connoît pas généralement.

(2) Les propriétaires de laiterie du Glocestershire ont aussi observé que les vaches ont de l'aversion pour les herbes amères (les dandelions et la famille des hawkweed) , mais que les moutons les préfèrent , ils en mangent même la fleur.

(3) Plante très-commune dans ce canton , sur-tout sur les bords de la Severn.

Genre	Esp.	NOMS FRANÇAIS.	NOMS LATINS.	NOMS ANGLAIS.
Genre 126.	Esp. 1.	Raygrass, ivraie vivace.	*Lolium perenne.*	Ryegrass.
Genre 1211.	Esp. 13.	Trèfle, triolet.	*Trifolium repens.*	Creeping trefoil.
Genre 118.	Esp. 1.	Crételle.	*Cynosurus cristatus.*	Crested dog'stail grass.
Genre 1211.	Esp. 21.	Trèfle rouge des prés.	*Poa trivialis.*	Common poa.
Genre 114.	Esp. 3.	Paturin commun.	*Trifolium procumbens.*	Procumbent trefoil.
Genre 1211.	Esp. 43.	Trèfle.	*Lathyrus pratensis.*	Meadow vetchling.
Genre 1185.	Esp. 16.	Gesse des prés.	*Lotus corniculatus.*	Birdsfoot trefoil.
Genre 1212.	Esp. 16.	Lotier cornu.	*Bromus mollis.*	Soft brome grass.
Genre 120.	Esp. 3.	Droue.	*Hordeum murinum.*	Common barley grass.
Genre 129.	Esp. 7.	Orge de muraille.	*Phleum nodosum.*	Bulbous cat'stail grass.
Genre 109.	Esp. 3.	Fléau à nœuds.	*Avena elatior.*	Tall oat grass.
Genre 122.	Esp. 2.	Fromentale.	*Anthoxanthum odoratum.*	Vernal.
Genre 58.	Esp. 2.	Flouve odorante.	*Agrostis alba.*	Creeping bent grass.
Genre 111.	Esp. 19.	Agrostide blanche.	*Agrostis capillaris.*	Fine bent grass.
Genre 111.	Esp. 17.	Agrostide capillaire.	*Poa annua.*	Dwarf poa.
Genre 114.	Esp. 6.	Paturin annuel.	*Festuca sylvatica.*	Wood fescue (1).
Genre 119.		Fétuque sauvage.	*Ranunculus repens.*	Creeping crowfoot.
Genre 953.	Esp. 31.	Renoncule rampante.	*Ranunculus bulbosus.*	Bulbous crowfoot (2).
Genre 953.	Esp. 30.	Renoncule bulbeuse.	*Ranunculus acris.*	Common crowfoot.
Genre 953.	Esp. 33.	Renoncule acre.	*Achillea millefolium.*	Common milfoil.
Genre 1313.	Esp. 18.	Achillière.	*Centaurea nigra.*	Common knobweed.
Genre 1331.	Esp. 12.	Centaurée noire.	*Heracleum sphondylium.*	Cowparsnep.
Genre 477.	Esp. 1.	Berce ou fausse brancursine.	*Pastinaca sativa.*	Wild parsnep.
Genre 494.	Esp. 2.	Panais cultivé.		
Genre 1264.	Esp. 15.	Chardon hémorroïdal, sarrette des champs.	*Serratula arvensis.*	Common thistle.
Genre 977.	Esp. 3.	Cocrète glabre, crête de coq.	*Rhinanthus crista galli.*	Yellow rattle (3).
Genre 998.	Esp. 4.	Eufraise dentée.	*Euphrasia odontites.*	Red eye bright.
Genre 1247.	Esp. 8.	Dent de lion hérissée.	*Leontodon hispidum.*	Rough dandelion.
Genre 1237.	Esp. 1.	Pissenlit commun.	*Leontodon taraxacum.*	Common dandelion.
Genre 1246.	Esp. 4.	Porcelle.	*Hypochaeris radicata.*	Longrooted hawkweed.
Genre 163.	Esp. 13.	Caillelait jaune.	*Galium verum.*	Yellow bedstraw.
Genre 866.	Esp. 26.	Quintefeuille ordinaire.	*Potentilla reptans.*	Creeping cinquefoil.
Genre 186.	Esp. 3.	Plantain moyen.	*Plantago media.*	Midle plantain.
Genre 186.	Esp. 6.	Plantain lancéolé.	*Plantago lanceolata.*	Narrow plantain.
Genre 953.	Esp. 10.	Petite chélidoine.	*Ranunculus ficaria.*	Pilewort.
Genre 300.	Esp. 1.	Pâquerette vivace.	*Bellis perennis.*	Common daisey.
Genre 117.	Esp. 2.	Chiendent à bossette.	*Dactylis glomerata.*	Orchard grass.
Genre 1565.	Esp. 7.	Houque laineuse.	*Holcus lanatus.*	Meadow soft grass.
Genre 115.	Esp. 3.	Amourette.	*Briza media.*	Common trembling grass.
Genre 102.	Esp. 3.	Vulpin des prés.	*Alopecurus pratensis.*	Meadow foxtail grass.
Genre 122.	Esp. 12.	Avenette blonde.	*Avena flavescens.*	Yellow oat grass.
Genre 114.	Esp. 5.	Paturin des prés.	*Poa pratensis.*	Meadow poa.
Genre 119.	Esp. 8.	Grande fétuque.	*Festuca elatior.*	Tall fescue.
Genre 112.	Esp. 6.	Canche.	*Aira caespitosa.*	Hassock air grass.
Genre 102.	Esp. 5.	Vulpin à tige coudée.	*Alopecurus geniculatus.*	Marsh foxtail grass.
Genre 590.	Esp. 10.	Jonc articulé.	*Juncus articulatus.*	Jointed rush.
Genre 1307.	Esp. 3.	Grande marguerite des prés.	*Chrysanthemum leucanthemum.*	Ox eye daisey.
Genre 472.	Esp. 5.	Saxifrage des Anglais ou des anciens, queue de pourceau.	*Peucedanum silaus.*	Meadow saxifrage.
Genre 613.	Esp. 5.	Patience frisée.	*Rumex crispus.*	Curled dock.
Genre 613.	Esp. 27.	Oseille commune.	*Rumex acetosa.*	Sorrel.
Genre 613.	Esp. 11.	Patience à feuilles obtuses.	*Rumex obtusifolius.*	Broad leaved dock.
Genre 1254.	Esp. 2.	Chardon lancéolé.	*Carduus lanceolatus.*	Spear thistle.
Genre 1422.	Esp. 7.	Grande ortie commune.	*Urtica dioica.*	Common nettle.
Genre 797.	Esp. 2.	Céraiste.	*Cerastium vulgatum.*	Common mouse ear.
Genre 773.	Esp. 5.	Stellaire.	*Stellaria graminea.*	Meadow star flower.
Genre 186.	Esp. 1.	Plantain à larges feuilles.	*Plantago major.*	Broad plantain.
Genre 990.	Esp. 1.	Brunelle commune.	*Prunella vulgaris.*	Selfheal.
Genre 258.	Esp. 1.	Primevère.	*Primula veris.*	Cowslip.
Genre 1364.	Esp. 6.	Violette à feuilles hérissées.	*Viola hirta.*	Hairy violet.
Genre 287.	Esp. 1.	Liseron des champs.	*Convolvulus arvensis.*	Corn convolvulus.
Genre 32.	Esp. 26.	Véronique à épis.	*Veronica chamaedris.*	Germander speed well.
Genre 32.	Esp. 17.	Véronique à feuilles de serpolet.	*Veronica serpyllifolia.*	Thym leaved speed well.
Genre 590.	Esp. 19.	Jonc à tête chauve.	*Juncus campestris.*	Grass rush.
Genre 119.	Esp. 6.	Fétuque dure.	*Festuca duriuscula.*	Hard fescue.
Genre 122.	Esp. 10.	Avoine.	*Avena pubescens.*	Rough oat grass.
Genre 1211.	Esp. 39.	Trèfle fraise.	*Trifolium fragiferum.*	Strawberry trefoil.
Genre 1187.	Esp. 5.	Vesce à bouquet.	*Vicia cracca.*	Bluetusted vetch.
Genre 1367.	Esp. 23.	Orchis morio.	*Orchis morio.*	Fools orchis.
Genre 1229.	Esp. 1.	Salsifix des prés.	*Tragopogon pratense.*	Goats beards.
Genre 466.	Esp. 1.	Carotte sauvage.	*Daucus carota.*	Wild carrot.
Genre 830.	Esp. 1.	Aigremoine officinale.	*Agrimonia eupatoria.*	Agrymony.
Genre 1281.	Esp. 21.	Armoise commune.	*Artemisia vulgaris.*	Mug wort.
Genre 490.	Esp. 1.	Persil d'âne.	*Chaerophyllum sylvestre.*	Orchard weed.
Genre 163.	Esp. 13.	Caillelait blanc.	*Galium mollugo.*	Bastard madder.
Genre 1118.	Esp. 55.	Géranium des prés.	*Geranium pratense.*	Crowfoot cranesbill.
Genre 1118.	Esp. 66.	Géranium à bec de cigogne.	*Geranium dissectum.*	Jagged cranesbill.
Genre 1187.	Esp. 5.	Vesce cultivée.	*Vicia sativa.*	Meadow vetch.
Genre 1187.	Esp. 16.	Vesce des chemins.	*Vicia sepium.*	Bush vetch.
Genre 1186.	Esp. 2.	Gesse nissolia.	*Lathyrus nissolia.*	Grass leaved vetchling.
Genre 258.	Esp. 1.	Primevère commun.	*Primula vulgaris.*	Primerose.

Les plantes ci-dessus composent les herbages des sols les meilleurs et les plus forts. Les suivantes se trouvent sur les parties les plus froides et les moins fertiles, et quelquefois elles les occupent en entier : on les trouve aussi sur les parties marécageuses où elles semblent se plaire davantage.

Genre	Esp.	NOMS FRANÇAIS.	NOMS LATINS.	NOMS ANGLAIS.
Genre 119.	Esp.	Fétuque sauvage.	*Festuca sylvatica.*	Wood fescue.
Genre 1173.	Esp. 3.	Arrête-bœuf.	*Ononis arvensis spinosa.*	Rest harrow.
Genre 1289.	Esp. 7.	Pas d'âne, tussilage.	*Tussilago farfara.*	Colts foot.
Genre 866.	Esp. 2.	Argentine commune.	*Potentilla anserina.*	Silver weed.
Genre 1238.	Esp. 7.	Oreille de rat.	*Hieracium pilosella.*	Mousear hawkweed.
Genre 1407.		Laiche.	*Carices.*	Sedges.
Genre 113.	Esp. 4.	Mélique bleue.	*Melica caerulea.*	Purple melicgrass.
Genre 1294.	Esp. 10.	Cinéraire des marais.	*Cineraria palustris.*	Marsh fleabane.
Genre 149.	Esp. 7.	Scabieuse, mors du diable.	*Scabiosa succisa.*	Meadow scabious.
Genre 1254.	Esp. 8.	Chardon des marais.	*Carduus palustris.*	Marsh thistle.
Genre 862.	Esp. 15.	Reine des prés.	*Spirea ulmaria.*	Medow sweet.
Genre 974.	Esp. 2.	Epiaire des marais.	*Stachys palustris.*	Clown saltheal.
Genre 590.	Esp. 4.	Jonc à tige courbée.	*Juncus inflexus.*	Wire rush.
Genre 590.	Esp. 3.	Jonc à mèche.	*Juncus effusus.*	Common rush.
Genre 1313.	Esp. 12.	Herbe à éternuer.	*Achillea ptarmica.*	Goose tongue.
Genre 959.	Esp. 5.	Bugle rampante.	*Ajuga reptans.*	Meadow bugle.
Genre 1367.	Esp. 37.	Orchis maculé.	*Orchis maculata.*	Spotted orchis.
Genre 1367.	Esp. 34.	Orchis à larges feuilles.	*Orchis latifolia.*	Marsh orchis.
Genre 240.	Esp. 1.	Gremillette, oreille de souris.	*Myosotis scorpioides.*	Scorpion mousear.
Genre 967.	Esp. 7.	Menthe velue.	*Mentha hirsuta.*	Velvet mint.
Genre 677.	Esp. 10.	Persicaire.	*Polygonum persicaria.*	Common persicaria.
Genre 677.	Esp. 6.	Persicaire amphibie.	*Polygonum amphibium.*	Amphibious persicaria.
Genre 957.	Esp. 1.	Souci des marais.	*Caltha palustris.*	Marsh marigold.
Genre 32.	Esp. 18.	Beccabunga.	*Veronica beccabunga.*	Brook lime.
Genre 1089.	Esp. 1.	Cresson de fontaine.	*Sisymbrium nasturtium.*	Water cress.

(1) Très-commun sur les terreins froids, et par-tout sur les fourmilières, circonstance à remarquer.
(2) Cette espèce est très-abondante dans ce canton. A la mi-mai, plusieurs prés des environs de Glocester sont couverts de ses fleurs. Les feuilles de cette espèce sont plus âcres que celles de l'espèce commune.
(3) Voyez plus haut pour les observations sur cette plante.

Noms français.	Noms latins.	Noms anglais.

HERBES DES PRAIRIES (1).

	Noms français.	Noms latins.	Noms anglais.
Genre 1565. Esp. 7.	Houque laineuse.	*Holcus lanatus.*	Meadow soft grass.
Genre 119. Esp. 8.	Grande fétuque.	*Festuca elatior.*	Tall fescue.
Genre 109. Esp. 3.	Fléau à nœuds.	*Phleum nodosum.*	Bulbous cat'stail.
Genre 126. Esp. 1.	Raygrass, ivraie vivace.	*Lolium perenne.*	Rye-grass.
Genre 58. Esp. 2.	Flouve odorante.	*Anthoxanthum odoratum.*	Vernal.
Genre 102. Esp. 3.	Vulpin des prés.	*Alopecurus pratensis.*	Meadow foxtail.
Genre 1211. Esp. 21.	Trèfle rouge.	*Trifolium pratense.*	Meadow trefoil.
Genre 186. Esp. 6.	Plantain lancéolé.	*Plantago lanceolatus.*	Narrow plantain.
Genre 953. Esp. 31.	Renoncule rampante.	*Ranunculus repens.*	Creeping crowfoot.
Genre 114. Esp. 3.	Paturin commun.	*Poa trivialis.*	Common poa.
Genre 118. Esp. 1.	Cretelle.	*Cynosurus cristatus.*	Common dog'stail.
Genre 1211. Esp. 13.	Trèfle rampant, triolet.	*Trifolium repens.*	Creeping trefoil.
Genre 111. Esp. 19.	Agrostide blanche.	*Agrostis alba.*	Creeping bent grass.
Genre 119. Esp. 6.	Fétuque dure.	*Festuca duriuscula.*	Hard fescue.
Genre 190. Esp. 1.	Sanguisorbe officinale.	*Sanguisorba officinalis.*	Meadow burnet.
Genre 1186. Esp. 16.	Gesse des prés.	*Lathyrus pratensis.*	Meadow vetchling.
Genre 1187. Esp. 11.	Vesce cultivée.	*Vicia sativa.*	Meadow vetch.
Genre 117. Esp. 2.	Chiendent à bossette.	*Dactylis glomerata.*	Orchard grass or foggrass.
Genre 115. Esp. 3.	Amourette.	*Briza media.*	Trembling grass.
Genre 122. Esp. 12.	Avenette blonde.	*Avena flavescens.*	Yellow oat grass.
Genre 129. Esp. 7.	Orge de muraille.	*Hordeum murinum.*	Common barley grass.
Genre 1212. Esp. 16.	Lotier cornu.	*Lotus corniculatus.*	Birds foot trefoil.
Genre 1211. Esp. 43.	Trèfle.	*Trifolium procumbens.*	Procumbent trefoil.
Genre 477. Esp. 1.	Berce ou fausse brancursine.	*Heracleum sphondylium.*	Cowparsnep.

MAUVAISES HERBES.

	Noms français.	Noms latins.	Noms anglais.
Genre 953. Esp. 33.	Renoncule acre.	*Ranunculus acris.*	Crowflower.
Genre 1331. Esp. 12.	Centaurée noire.	*Centaurea nigra.*	Cock heads (provincialism).
Genre 997. Esp. 5.	Cocriste glabre ou crête de coq.	*Rhinanthus crista galli.*	Penny weed.
Genre 1237. Esp. 1.	Pissenlit commun.	*Leontodon taraxacum.*	Dandelion.
Genre 1254. Esp. 8.	Chardon des marais.	*Carduus palustris.*	Marsh thistle.
Genre 1246. Esp. 4.	Porcelle.	*Hypochæris radicata.*	Langrooted hawkweed.
Genre 1407. Esp. 43.	Laiche velue.	*Carex hirta.*	Share grass.
Genre 1307. Esp. 5.	Grande marguerite des prés.	*Chrysanthemum leucanthemum.*	Ox eye daisey.
Genre 613. Esp. 5.	Oseille ordinaire.	*Rumex acetosa.*	Green sauce.
Genre 472. Esp. 5.	Saxifrage des Anglais ou des anciens.	*Peucedanum silans.*	Meadow saxifrage.
Genre 1254. Esp. 2.	Chardon lancéolé.	*Carduus lanceolatus.*	Boar thistle (provincialism).
Genre 613. Esp. 5.	Patience frisée.	*Rumex crispus.*	Curled dock.
Genre 990. Esp. 1.	Brunelle commune.	*Prunella vulgaris.*	Self heat.
Genre 500. Esp. 1.	Paquerette vivace.	*Bellis perennis.*	Common daisey.
Genre 1313. Esp. 18.	Millefeuille.	*Achillea millefolium.*	Common milfoil.
Genre 258. Esp. 1.	Primevère.	*Primula veris.*	Cowslip.
Genre 973. Esp. 1.	Bétoine officinale.	*Betonica officinalis.*	Betony.
Genre 1229. Esp. 1.	Salsifix des prés.	*Tragopogon pratense.*	Goatsbeard.
Genre 112. Esp. 6.	Canche.	*Aira cæspitosa.*	Hassock air grass.
Genre 1407. Esp.	Laiches.	*Carices.*	Sedges.
Genre 1294. Esp. 10.	Chardon des marais.	*Carduus palustris.*	Marsh fleabane.
Genre 866. Esp. 2.	Argentine commune.	*Potentilla anserina.*	Goose tansey.
Genre 677. Esp. 10.	Persicaire.	*Polygonum persicaria.*	Willow weed.
Genre 1088. Esp. 13.	Cresson des prés.	*Cardamine pratensis.*	Common ladysmock.
Genre 796. Esp. 2.	Fleur de coucou.	*Lychnis flos cuculi.*	Meadow campion.
Genre 60. Esp. 4.	Valériane des marais dioïque.	*Valeriana dioica.*	Marsh valerian.
Genre 1313. Esp. 12.	Herbe à éternuer.	*Achillea ptarmica.*	Goose tongue.
Genre 590. Esp. 3.	Jonc à mêche.	*Juncus effusus.*	Common rush.
Genre 590. Esp. 4.	Jonc à tige courbée.	*Juncus inflexus.*	Wire rush.
Genre 862. Esp. 15.	Reine des prés.	*Spirea ulmaria.*	Medow sweet.
Genre 1614. Esp. 3.	Prêle des marais, queue de cheval.	*Equisetum palustre.*	Joint grass.
Genre 479. Esp. 2.	Angélique sauvage.	*Angelica sylvestris.*	Wild angelica.
Genre 240. Esp. 1.	Scorpione des champs ou gremillette.	*Myosotis scorpioides*	Scorpion mous ear.
Genre 269. Esp. 9.	Lisimachie, corneille.	*Lysimachis nummularia* (2).	Moneywort.

HERBES DES TERRES MOYENNES (middleland) ET FRAICHES (3).

	Noms français.	Noms latins.	Noms anglais.
Genre 118. Esp. 1.	Cretelle.	*Cynosurus cristatus.*	Crested dog'stail.
Genre 1565. Esp. 7.	Houque laineuse.	*Holcus lanatus.*	Medow soft grass.
Genre 58. Esp. 2.	Flouve odorante.	*Anthoxantum odoratum.*	Vernal.
Genre 186. Esp. 6.	Plantain lancéolé.	*Plantago lanceolatus.*	Narrow plantain.
Genre 126. Esp. 1.	Raygrass, ivraie vivace.	*Lolium perenne.*	Ryegrass.
Genre 1212. Esp. 16.	Lotier cornu.	*Lotus corniculatus.*	Birds fort trefoil.
Genre 1211. Esp. 13.	Trèfle rampant, triolet.	*Trifolium repens.*	Creeping trefoil.
Genre 1211. Esp. 21.	Trèfle rouge des prés.	*Trifolium pratense.*	Meadow trefoil.
Genre 111. Esp. 19.	Agrostide blanche.	*Agrostis alba.*	Creeping bentgrass.
Genre 119. Esp. 6.	Fétuque dure.	*Festuca duriuscula.*	Hard fescue.
Genre 114. Esp. 3.	Paturin commun.	*Poa trivialis.*	Common poa.
Genre 114. Esp. 6.	Paturin annuel.	*Poa annua.*	Dwarf poa.
Genre 120. Esp. 3.	Droue.	*Bromus mollis.*	Soft brome grass.
Genre 122. Esp. 12.	Avenette blonde.	*Avena flavescens.*	Yellow oat grass.
Genre 1565. Esp. 6.	Houque molle.	*Holcus mollis.*	Couchy soft grass.
Genre 953. Esp. 31.	Renoncule rampante.	*Ranunculus repens.*	Creeping crowfoot.
Genre 1186. Esp. 16.	Gesse des prés.	*Lathyrus pratensis.*	Meadow vetchling.
Genre 1187. Esp. 5.	Vesce à bouquet.	*Vicia cracca.*	Bluetusted vetch.

(1) Prairies, bas-fonds, ou vallées étroites qui n'ont jamais été labourées ; elles se trouvent entre les élévations de terres labourées. Le sol est une terre noirâtre, assise sur une couche d'argile non absorbante. La saison est sèche. Les prairies différentes sur lesquelles ces plantes ont été recueillies, avoient été anciennement arrosées. Le foin est bon. On y fait, année commune, une tonne et demie par acre.

(2) Les quinze dernières ne croissent que dans les parties les plus humides et les plus froides.

(3) Le sol est une terre moyenne (middleland) sur une couche inférieure, humide et absorbante ; elle porte des herbes et du bled alternativement. L'herbage est estimé par les fabricans de fromage.

MAUVAISES HERBES.

Genre	Esp.	Noms français	Noms latins	Noms anglais
Genre 1407.	Esp.	Laiche velue.	*Carex hirta.*	Hairy sedge.
Genre 1294.	Esp. 10.	Cinéraire des marais.	*Cineraria palustris.*	Marsh fleabane.
Genre 866.	Esp. 2.	Argentine commune.	*Potentilla anserina.*	Silver weed.
Genre 1313.	Esp. 18.	Millefeuille.	*Achillea millefolium.*	Common milfoil.
Genre 990.	Esp. 1.	Brunelle commune.	*Prunella vulgaris.*	Selfheal.
Genre 866.	Esp. 26.	Quintefeuille commune.	*Potentilla repens.*	Creeping cinquefoil.
Genre 953.	Esp. 33.	Bassinet ou renoncule acre.	*Ranunculus acris.*	Common crowfoot.
Genre 1254.	Esp. 8.	Chardon des marais.	*Carduus palustris.*	Meadow thistle.
Genre 1264.	Esp. 15.	Chardon hémorroïdal, sarrette des champs.	*Serratula arvensis.*	Common thistle.
Genre 112.	Esp. 6.	Canche.	*Aira cæspitosa.*	Hassock air grass.
Genre 1331.	Esp. 12.	Centaurée noire.	*Centaurea nigra.*	Meadow knobweed.
Genre 1407.	Esp.	Laiches.	*Carices.*	Sedges.
Genre 1246.	Esp. 4.	Porcelle.	*Hypochæris radicata.*	Longrooted hawkweed.
Genre 1254.	Esp. 2.	Chardon lancéolé.	*Carduus lanceolatus.*	Spear thistle.
Genre 590.	Esp. 3.	Jonc à mèche.	*Juncus effusus.*	Common rush.
Genre 590.	Esp. 4.	Jonc à tige courbée.	*Juncus inflexus.*	Wire rush.
Genre 450.	Esp. 24.	Gentiane, petite centaurée.	*Gentiana centaurium.*	Centaury gentian.
Genre 613.	Esp. 5.	Patience frisée (1).	*Rumex crispus.*	Curled dock.

HERBES DES TERRES MOYENNES ET FERTILES (2).

Genre	Esp.	Noms français	Noms latins	Noms anglais
Genre 118.	Esp. 1.	Cretelle.	*Cynosurus cristatus.*	Common dog'stail grass.
Genre 126.	Esp. 1.	Raygrass, ivraie vivace.	*Lolium perenne.*	Ryegrass.
Genre 1565.	Esp. 7.	Houque laineuse.	*Holcus lanatus.*	Meadow soft grass.
Genre 114.	Esp. 3.	Paturin commun.	*Poa trivialis.*	Common poa.
Genre 111.	Esp. 17.	Agrostide capillaire.	*Agrostis capillaris.*	Fine bent grass.
Genre 119.	Esp. 6.	Fétuque dure.	*Festuca duriuscula.*	Hard fescue.
Genre 186.	Esp. 6.	Plantain lancéolé.	*Plantago lanceolatus.*	Narrow plantain.
Genre 1211.	Esp. 13.	Trèfle rampant, triolet.	*Trifolium repens.*	Creeping trefoil.
Genre 1211.	Esp. 21.	Trèfle rouge des prés.	*Trifolium pratense.*	Meadow trefoil.
Genre 1213.	Esp. 16.	Lotier cornu.	*Lotus corniculatus* (3).	Birdsfoot trefoil.
Genre 1186.	Esp. 16.	Gesse des prés.	*Lathyrus pratensis.*	Meadow wetchling.
Genre 122.	Esp. 12.	Avenette blonde.	*Avena flavescens.*	Yellow oat grass.
Genre 117.	Esp. 2.	Chiendent à bossette.	*Dactylis glomerata.*	Orchard grass or foggrass.
Genre 953.	Esp. 31.	Renoncule rampante.	*Ranunculus repens.*	Creeping crowfoot.

MAUVAISES HERBES.

Genre	Esp.	Noms français	Noms latins	Noms anglais
Genre 1313.	Esp. 18.	Millefeuille.	*Achillea millefolium.*	Common milfoil.
Genre 1331.	Esp. 12.	Centaurée noire.	*Centaurea nigra.*	Meadow knobweed.
Genre 953.	Esp. 33.	Renoncule âcre, ou bassinet.	*Ranunculus acris.*	Common crowfoot.
Genre 1254.	Esp. 2.	Chardon lancéolé.	*Carduus lanceolatus.*	Spear thistle.
Genre 1264.	Esp. 5.	Chardon hémorroïdal, ou sarrette des champs.	*Serratula arvensis.*	Common thistle.
Genre 1422.	Esp. 7.	Grande ortie commune.	*Urtica dioica.*	Common nettle.

HERBES DES ANCIENNES PRAIRIES NÉGLIGÉES (4).

Elles sont les mêmes que dans la liste suivante, avec la seule différence que le sol supérieur et inférieur peut y ajouter.

MAUVAISES HERBES.

Indépendamment de celles dont je viens de faire l'énumération, les plantes suivantes se trouvent en trop grande abondance.

Genre	Esp.	Noms français	Noms latins	Noms anglais
Genre 854.	Esp. 9.	Epine blanche, alisier, aubépine.	*Cratægus oxiacantha.*	Hawthorn.
Genre 849.	Esp. 17.	Epine noire.	*Prunus spinosa.*	Sloethorn.
Genre 863.	Esp. 4.	Rose des champs.	*Rosa arvensis.*	Field briar.
Genre 864.	Esp. 8.	Ronce ordinaire.	*Rubus fruticosus.*	Common bramble.
Genre 1169.	Esp. 1.	Ajonc d'Europe (ajonc).	*Ulex Europæus.*	Gorse.
Genre 1173.	Esp. 3.	Arrête-bœuf commun.	*Ononis arvensis.*	Hen gorse or fin.
Genre 1167.	Esp. 6.	Genestrole, bonnet de cocu.	*Genista tinctoria.*	Yellow.
Genre 119.	Esp.	Fétuque sauvage.	*Festuca sylvatica.*	Wood fescue, or anthillgrass.
Genre 162.	Esp. 12.	Caillelait jaune.	*Galium verum.*	Joint grass.
Genre 1290.	Esp. 31.	Jacobée, seneçon.	*Senecio jacobæa.*	Common ragwort.
Genre 466.	Esp. 1.	Carotte sauvage.	*Daucus carota.*	Wild carrot.
Genre 613.	Esp. 5.	Patience frisée.	*Rumex crispus.*	Curled dock.
Genre 112.	Esp. 6.	Canche.	*Aira cæspitosa.*	Hassock air grass.
Genre 186.	Esp. 1.	Plantain à larges feuilles.	*Plantago major.*	Broad plantain.
Genre 866.	Esp. 2.	Argentine commune.	*Potentilla anserina.*	Silver weed.
Genre 866.	Esp. 26.	Quintefeuille commune.	*Potentilla reptans.*	Creeping cinquefoil.
Genre 677.	Esp. 15.	Renouée ou terrasse.	*Polygonum aviculare.*	Hogweed.

(1) Cette plante est la dernière dans la liste, parce que les prés que j'examinois en avoient été dépouillés depuis peu avec l'instrument qui sert à cet usage. Mais si l'on examinoit de la même manière toutes les prairies du canton, cette plante se trouveroit à la tête de la liste.

Cette idée ingénieuse que j'entends défendre chaque jour, et que j'ai vu trop souvent mettre en pratique, que le meilleur moyen de s'en débarrasser est de la laisser grainer et s'épuiser elle-même, c'est-à-dire, de la laisser grainer à mort, est appuyée sur ce qu'on ne trouve pas d'oseille dans les vieux gazons. On convient cependant que, quoique les oiseaux consomment une grande partie de la graine, celle qui reste sur la terre, et qui est foulée aux pieds du bétail, repousse lorsque ces terres sont labourées.

Combien cette idée n'est-elle donc pas absurde dans ce pays, où une terre n'est mise en herbage qu'avec l'intention de la labourer au bout de peu d'années.

(2) Terres sèches, saines et fertiles (ammington hall parck pieces) en bon état, dégagées de fourmilières et de broussailles; elles sont regardées comme les meilleures terres du pays pour l'engrais du bétail. Comme elles sont toutes en pâturages, elles étoient broutées de près, lorsque j'ai recueilli mes échantillons (17 juillet), et il se pourroit qu'il manquât quelque chose à ma liste; elle est cependant suffisante pour donner une idée de l'herbage.

(3) Malgré la sécheresse de la saison, cette plante dans les bonnes expositions fleurit d'une manière singulière. Dans les boulingrins et les tapis verds il n'y a peut-être que cette seule plante verte qui puisse diversifier leur surface (excepté le daisey) d'une couleur douce de pierre, et quelquefois d'une manière très-agréable.

Elle est très-abondante ou plutôt très-visible cette année dans les prairies et les pâturages. Sa racine forte et grosse, qui s'enfonce beaucoup, est évidemment la cause de la manière dont elle résiste à la sécheresse.

Ne devroit-on pas cultiver dans les terres et les situations sèches et brûlées quelque variété productive de cette plante?

(4) Il y en a encore de très-grandes parties dans le canton; la plupart sont dans un état abandonné, de manière qu'une grande partie ressemble à des landes désertes.

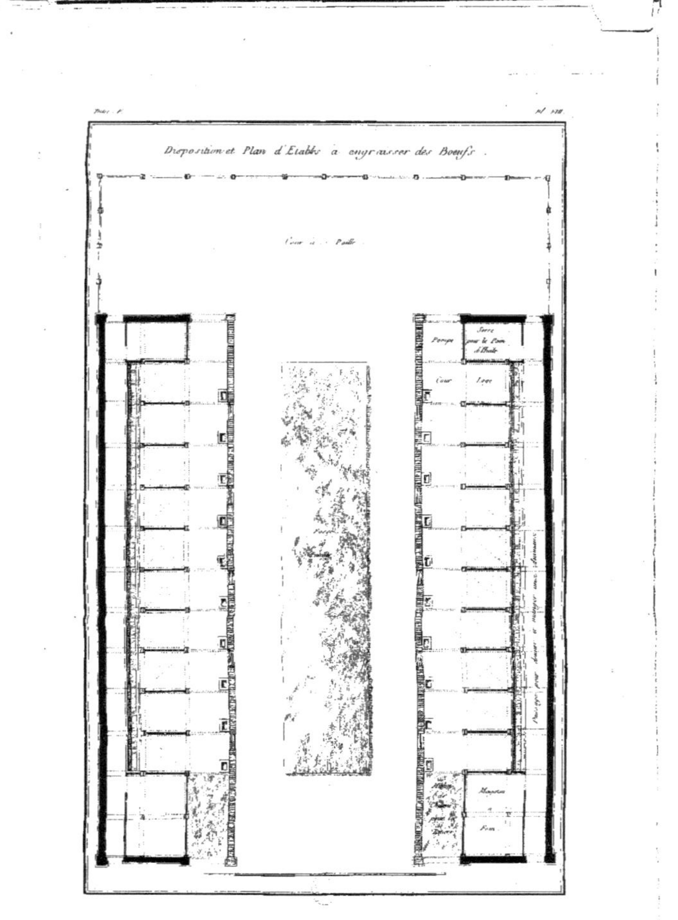

Disposition et Plan d'Etable à engraisser des Boeufs.
Cour de Paille
Pompe
Serre pour le Soin d'Huile
Cour
Loge

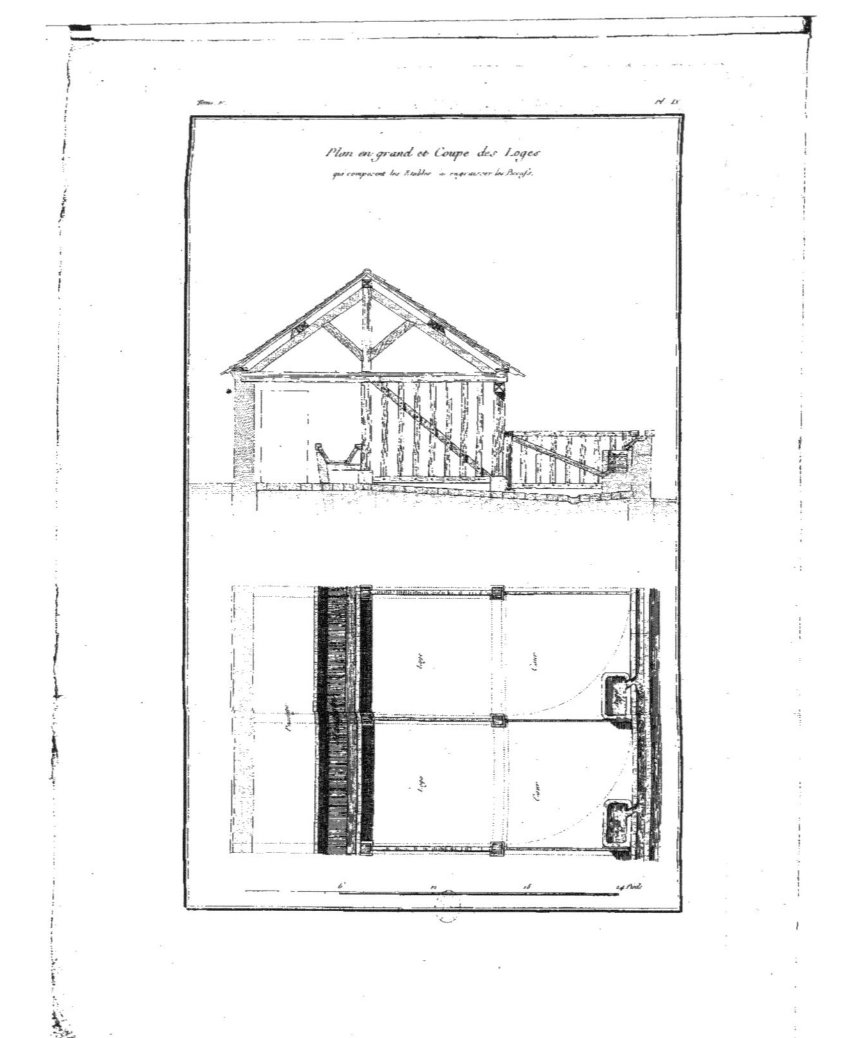

Plan en grand et Coupe des Loges
qui composent les Etables à engraisser les Bœufs.

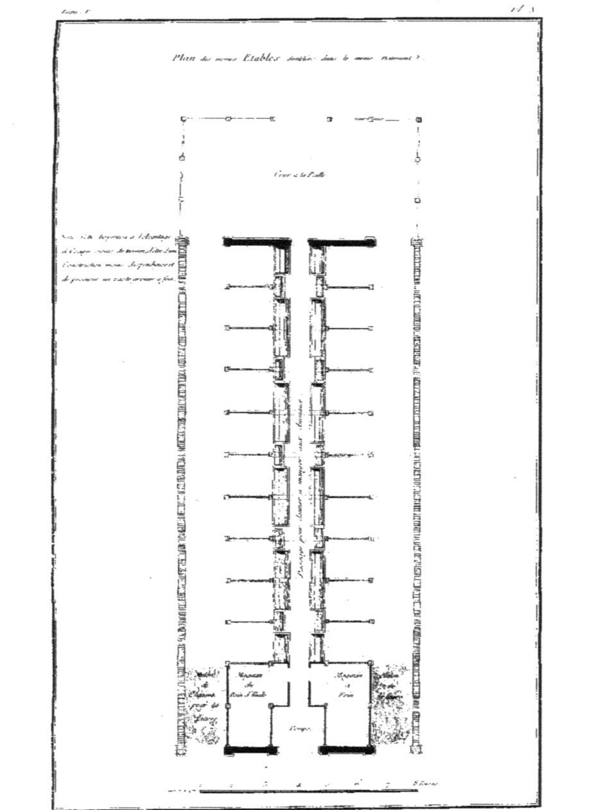

Plan des nouvelles Etables établies dans le cour Principal
Cour de la Paille

Coupe de l'Étable double sur une plus grande Échelle.

Nota. On peut aussi aérer ces Étables, première-
ment à l'aide de l'air extérieur pendant les nuit[s],
en laissant des Portes pleines et de la hauteur
 necessaire, au lieu des Barrières à l'Entre-
coupes de la hauteur de la Crèche.

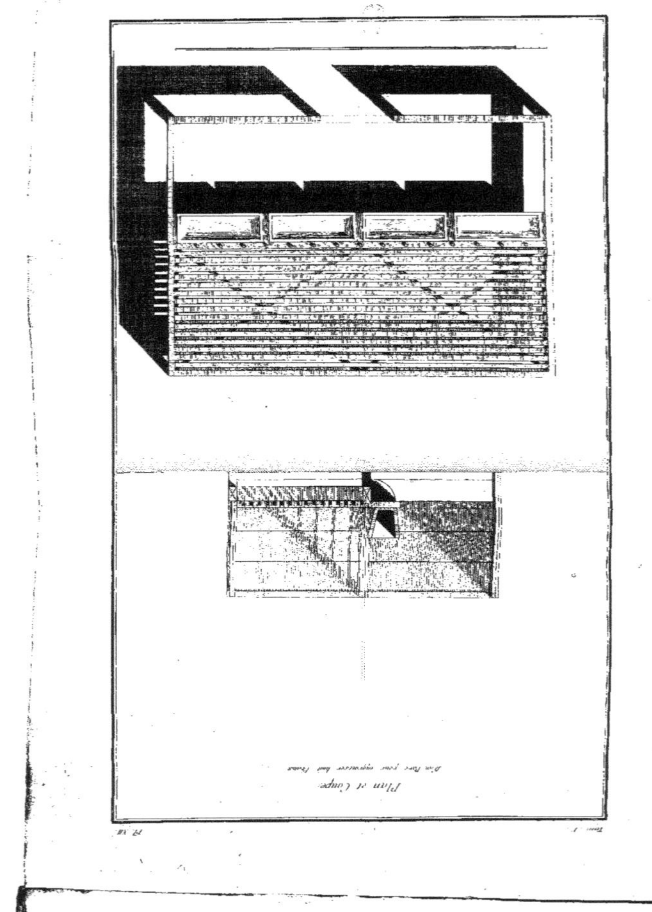

Plan et Coupe
D'un Parc pour engraisser huit Poulets

étoient donnés aux troupes par un de
ses favoris.

La levée du camp ne tranquillisa

ensemble ? que craignent-ils ? Leur
cruelle surveillance ne leur assure-t-elle
pas que nous ne pouvons leur échap-

[illegible] ture inspire, même aux monstres qui
l'outragent, un intérêt involontaire. Ma

(104)

pas le temps d'exécuter leurs cruels desseins.

Ma tante ne put retenir ses larmes en lisant ce fatal billet. Rainclord s'en aperçut, et exigea qu'elle le lui communiquât. La princesse s'en défendit. Est-ce mon jugement que l'on vous annonce ? j'y suis préparée. Non, ma sœur. Que veulent-ils donc ? vont-ils nous séparer ? Non, nous resterons avec vous, ma nièce et moi. Dieu ! seroit-ce mon fils ? et elle tomba évanouie. Nous eûmes toutes les peines du monde à la faire revenir ; et au moment où elle ouvrit les yeux, elle chercha son fils. Où est-il ? s'écria-t-elle avec l'accent du désespoir : l'ont-ils arraché de nos bras ? où est-il ? L'enfant dormoit tranquillement dans son lit qui étoit dressé dans la chambre de sa

(101)

pas encore les citoyens ; une citadelle qui servoit depuis long - temps de prison à ceux qui avoient commis des délits contre les ministres, et dont les tribunaux ne pouvoient connoître, leur parut un obstacle à la liberté naissante, ils résolurent de la renverser. Je ne vous rappelle pas la trahison de celui qui commandoit ce fort imprenable, il en fut puni. Cette justice du peuple n'auroit point eu le caractère d'atrocité qui souilla les premiers jours de la révolution, si les agens de Sœbralna ne s'étoient mêlés à la multitude pour l'égarer, et mettre, s'il leur étoit possible, une haine irréconciliable entre lui et la cour. L'Indien, peuple doux et aimable, s'étonna lui-même des excès où il se porta ; ils causèrent une telle

(115)

comparer par tous les poëtes, à la déesse du printemps. Ses cheveux se couvrirent de neige, qui caractérise l'hiver de la vieillesse; enfin il étoit presqu'impossible de la reconnoître. Ses ennemis jouissoient de la voir défigurée par la douleur. Ils auroient craint, si elle eût conservé l'éclat de la beauté, qu'en la conduisant au supplice, les Indiens se fussent souvenus de ces jours où elle faisoit les délices de la capitale ; et où le vieux gouverneur de cette grande ville, chargé de la haranguer au nom de ses habitans, lui dit, avec cette galanterie indienne qui lui étoit naturelle : Que vous dirai-je, madame, qui vaille le langage de nos cœurs ? vous ne voyez ici que des amans.

Quel contraste ! veuve d'un époux qui faisoit sa gloire, privée de la

13